D1828627

Leckere Pilzrezepte fürs ganze Jahr!

Köstlich und gesund:

Champignons, Shiitake, Austernpilze, Hericium & Co.

Gesunde PILZE.de

Bund Deutscher Champignon- und Kulturpilzanbauer (BDC) e. V.

www.Gesunde-Pilze.de

Vorwort

Liebe Leserinnen, liebe Leser,

wie lecker Champignons auf einer Pizza oder zu einem bunten sommerlichen Salat sind, das weiß heute eigentlich schon jedes Kind. Kaum ein anderer Kulturspeisepilz in Europa hat so eine lange Geschichte wie er und heute ist der Champignon der beliebteste Speisepilz der Welt. Zusätzlich zu den weißen Champignons und ihren ebenso leckeren braunen Kollegen, finden aber auch Kulturspeisepilze wie der Shiitake, der Austernpilz oder der Hericium aufgrund ihrer kulinarischen Vorzüge immer mehr treue Fans. Das ist auch kein Wunder, denn sie sind nicht nur geschmacklich ausgesprochen vielfältig, sondern man kann mit ihnen auch eine nahezu unendliche Vielzahl köstlicher Gerichte auf den Tisch zaubern. Obendrein sind sie auch einfach und schnell zu verarbeiten und man bekommt sie heute in frischer und bester Qualität in praktisch jedem Supermarkt oder im Gemüsefachhandel. Was viele von Ihnen vielleicht noch nicht wissen: Speisepilze sind nicht nur sehr lecker, sondern auch sehr gesund. So enthalten Sie eine Vielzahl an ernährungsphysiologisch wertvollen Inhaltsstoffen, die wir täglich brauchen, um uns rundum wohl zu fühlen. Zudem sind sie gut für die schlanke Linie, denn sie haben kaum Kalorien, sind cholesterinfrei und enthalten nur wenig Fett. Mehr dazu haben wir ganz kompakt für Sie auf den nächsten Seiten zusammengestellt.

Das wichtigste in diesem Buch sind aber natürlich die Rezepte. Ich persönlich habe nicht nur einen Großteil meines Berufslebens mit dem Anbau von Speisepilzen und der Pilz-Forschung verbracht, sondern bin auch in der Küche ein leidenschaftlicher Pilzliebhaber. Am liebsten würde ich nämlich jeden Tag ein anderes Pilzgericht verspeisen. Hier in diesem Buch haben wir die 57 schönsten Rezepte aus der Profiküche des BDC für Sie zusammengestellt. Ob frühlingshaft oder sommerlich leicht, herbstlich deftig, für einen kalten Wintertag oder das festliche Menü an Ostern oder Weihnachten und ob mit Fleisch und Fisch oder vegetarisch, für jeden Geschmack und jeden Anlass sind viele kreative Rezepte dabei.

Ich wünsche Ihnen viel Freude mit diesem Buch und vor allem: Guten Appetit!

Herzlich,
Ihr Franz Schmaus

Franz Schmaus

Ehrenvorsitzender Bund Deutscher Champignon- und Kulturpilzanbauer (BDC) e. V.

P.S.: Zu allen Rezepten haben wir Ihnen den QR-Code hinzugefügt. Sie gelangen so direkt zu den Rezeptvideos auf der Website www.Gesunde-Pilze.de.

Inhaltsverzeichnis

Wissenswertes zum Champignon

Kaum ein anderer Kulturspeisepilz in Europa hat so eine lange Geschichte wie der Champignon. Erstmalig angebaut wurde er etwa 1750 in Frankreich. Und wie so oft in der Geschichte, hat auch hier der Zufall eine Rolle gespielt. So entdeckten Pariser Gärtner eines Tages weiße Champignons auf dem Dünger ihrer Beete. Schnell fanden sie heraus, dass man die kleinen Pilze weiter kultivieren konnte. Auch der Name „Champignon" ist französisch und bedeutet im Deutschen schlicht „Pilz". Es dauerte zwar nicht lange, bis man erkannte, dass die lichtscheuen Pilze am besten in dunklen Kellern und Gewölben gedeihen. Doch erst zu Beginn des 20. Jahrhunderts entwickelte sich eine nennenswerte Champignonzucht.

Vom Luxusgemüse zum beliebtesten Speisepilz der Welt

Kultur-Champignons hatten zunächst den Status eines Luxusgemüses und waren für die breite Bevölkerung praktisch unerschwinglich. So galten sie zu Zeiten des Sonnenkönigs Ludwig XIV. als rare und teure Delikatesse. Auch bei uns waren sie lange Zeit nur den Adligen und den gut Betuchten sowie der gehobenen Gastronomie vorbehalten. Dies änderte sich erst nach 1950, als sich der gewerbsmäßige Zuchtanbau auf eine breite Basis stellte. Von da an war der Siegeszug des Champignons nicht mehr aufzuhalten. In Deutschland wird er heute von rund 100 Betrieben angebaut und ist so das ganze Jahr über in bester, frischer Qualität und zu erschwinglichen Preisen erhältlich.

Warenkundliches

Der Champignon ist die Zuchtform des wild wachsenden zweisporigen Egerlings. Ebenso wie der Austernpilz und der Shiitake gehört er zur Gruppe der Blätterpilze. Alle haben Hut, Stiel und Lamellen, aus denen die Sporen herabfallen. Gemeinsam ist ihnen auch, dass sie im Vergleich zu den meisten Gemüsearten einen höheren Eiweißgehalt besitzen.
Kulturchampignons werden das ganze Jahr über in verschiedenen Sorten und Größen angeboten und sind kulinarisch sehr vielseitig verwendbar. Mit Abstand der beliebteste ist der weiße Champignon. Es gibt aber auch hellbraune und braune Sorten. Den kräftigsten Geschmack hat der braune Champignon.

Weiße Champignons

Sie haben einen feinen Duft und ein angenehmes, leicht nussiges Aroma. Der typische Vertreter ist von mittlerer Größe mit einem geschlossenen Hut von etwa drei bis sechs Zentimetern. Der Miniaturchampignon misst circa anderthalb bis viereinhalb Zentimeter und der Riesenchampignon weist Hüte von fünf bis zu zwölf Zentimetern auf.

Braune Champignons

Abgesehen von der Farbe unterscheiden sie sich von den weißen Sorten eigentlich nur durch ihr kräftigeres Aroma. Auch enthalten sie etwas weniger Wasser. Der größte ist der Portobello. Ebenso wie der weiße Riesenchampignon kann sein Hut bis zu zwölf Zentimetern groß werden.

Leicht und gesund

Champignons sind nicht nur köstlich, sondern auch sehr gesund. So enthalten sie zum Beispiel die Vitamine D, B2, Biotin und Niacin sowie die Mineralstoffe Kalium, Eisen, Kupfer, Selen und Phosphor. Dabei fällt ihr Kaloriengehalt von 15 kcal pro 100 Gramm kaum ins Gewicht.

Wissenswertes zum Shiitake

Der Shiitake stammt ursprünglich aus Ostasien. Von dort kommt auch sein exotischer Name. „Shii" bedeutet auf japanisch „Passanibaum" und „take" heißt Pilz. In der ostasiatischen Küche hat der Shiitake aufgrund seines besonders aromatischen und leicht knoblauchartigen Geschmacks bereits seit vielen Jahrhunderten einen festen Platz. Auch in der westlichen Welt hat er sich mittlerweile eine große Fangemeinde erobert. Der Shiitake hat einen kurzen Stil und einen runden hell- bis dunkelbraunen geschuppten Hut, der etwa fünf bis 12 Zentimetern groß ist. Sein Fleisch ist fest und saftig und zeigt eine weiße bis bräunliche Färbung. Alle Teile des Pilzes sind verwendbar.

In Ostasien nennt man ihn auch „König der Pilze"

Foto: MykoTroph, Institut für Ernährungs- und Pilzheilkunde

Auch mit dem Shiitake kann man praktisch alle Pilzgerichte zubereiten. Aufgrund seiner wertvollen Inhaltsstoffe wird der Shiitake in Ostasien übrigens auch als „König der Pilze" bezeichnet. In der Traditionellen Chinesischen Medizin werden ihm sogar Heilwirkungen zugesprochen. So soll er unter anderem das Immunsystem regulieren und sich günstig auf hohe Blutdruckwerte und den Cholesterinspiegel auswirken.

Wissenswertes zum Austernpilz

Der Austernpilz, auch Austernseitling genannt, ist mittlerweile der zweitbeliebteste Kulturspeisepilz überhaupt. Aus gutem Grund, denn sein Aroma ist voll und kräftig. Austernpilze wachsen nicht einzeln, sondern in büschelförmig angeordneten Kolonien, deren Form einer Austernbank ähnelt.

Festes, saftiges Fleisch, das an Kalbfleisch erinnert

Austernpilze besitzen einen großen, muschelförmigen Hut mit einem Durchmesser von etwa vier bis zehn Zentimetern. Sie können aber auch eine Größe von bis zu 20 Zentimetern erreichen. Die Farbe der Austernpilze reicht von hellbeige, über grau bis braun. Auf die Qualität oder den Geschmack hat das aber keinen Einfluss. Austernpilze bester Qualität zeichnen sich durch festes und saftiges Fleisch aus, dessen Geschmack an Kalbfleisch erinnert. Austern-

pilze werden entweder in Büschelform oder als einzelne Pilze angeboten. Manchmal kann es vorkommen, dass die Pilzhüte einen weißlichen Belag aufweisen. Lassen Sie sich davon aber nicht irritieren. Er stammt von herabgefallenen Sporen aus den Lamellen der darüber liegenden Pilze und beeinträchtigt weder die Qualität noch den aromatischen Geschmack. Wie der Champignon und der Shiitake kann man auch den Austernpilz sehr vielseitig zubereiten.

Wissenswertes zum Hericium

Der Hericium ist auch unter so klingenden Namen wie Igelstachelbart, Pom-Pom blanc, Löwenmähne oder Korallenpilz bekannt. Im Aussehen ähnelt er dem Kopf chinesischer Affen, weshalb ein weiterer seiner Namen auch „Affenkopfpilz" lautet. Genauso bemerkenswert wie die vielen Namen dieses wertvollen Edelpilzes ist auch sein Geschmack, der sich am besten mit dem von Geflügelfleisch vergleichen lässt. Hinzu kommen delikate, fruchtige Kokos- und Zitrusaromen. Die Konsistenz des rundlich-ovalen, weiß bis gelblich-grauen Pilzes gleicht der von Meeresfrüchten. Der Stiel ist meist nur kurz und der ganze Fruchtkörper ist dicht mit bis zu sechs Zentimeter langen, sehr weichen Stacheln besetzt. Der Hericium kann eine Größe von bis zu 30 Zentimetern erreichen.

Echte Delikatesse

Dank seiner köstlichen Aromen und seiner festen Konsistenz eignet sich der Hericium zu einer großen Vielfalt von Gerichten. Gewürfelt kann man ihn zum Beispiel einfach in etwas gutem Öl braten, schmoren oder dünsten und schon hat man eine echte Delikatesse. Ebenso passt er wunderbar zu Gemüse, hellem Fleisch, Fisch und Meeresfrüchten. Und natürlich macht er auch in Suppen eine gute Figur. Gerne wird er auch in Scheiben geschnitten, paniert und wie ein vegetarisches Schnitzel zubereitet.

Foto: MykoTroph, Institut für Ernährungs- und Pilzheilkunde

Reich an wertvollen Inhaltsstoffen

Wie alle Kulturspeisepilze ist der Hericium reich an vielen wertvollen Biovitalstoffen wie Eiweiß, Mineral- und Ballaststoffen oder Vitaminen. Besonders bemerkenswert ist aber sein überdurchschnittlicher Gehalt an Aminosäuren. So enthält er mit Ausnahme von Methionin und Tryptophan alle für den Menschen essenziellen Aminosäuren. Vor allem in Ostasien ist der Hericium schon seit jeher ein sehr geschätzter Edelspeisepilz.
Auch in der westlichen Welt findet er unter Genießern zunehmende Beachtung und wird daher im Kulturspeisepilzanbau mehr und mehr angebaut und angeboten.

Speisepilze, ein ernährungsphysiologisch wertvolles Lebensmittel

Kulturspeisepilze wie Champignons, Austernpilze, Shiitake und Hericium sind sowohl lecker als auch gesund. Einerseits enthalten sie fast kein Salz, sind cholesterinfrei und zudem ausgesprochen kalorien- und fettarm. Andererseits gehören sie zu den Powerlieferanten in Sachen wertvolle Vitalstoffe. So sind sie zum Beispiel eine wichtige Quelle für die Versorgung unseres Organismus mit Eiweiß oder den Vitaminen der B-Gruppe. Darüber hinaus enthalten sie auch beachtliche Mengen an Mineralien, Spurenelementen und Ballaststoffen.

Hoher Eiweißgehalt

Speisepilze enthalten im Durchschnitt 3,3 Gramm Eiweiß pro 100 Gramm und damit deutlich mehr als die meisten Gemüsesorten. Daher sind sie zum Beispiel auch eine ebenso schmackhafte wie wertvolle Alternative als Eiweiß-Lieferant für Menschen, die ihren Fleischkonsum reduzieren möchten und natürlich ganz besonders für Vegetarier und Veganer. Ebenso aber auch für Menschen, die aufgrund von erhöhten Harnsäurewerten, Gicht oder Rheuma auf hoch purinhaltige Lebensmittel verzichten müssen.

Vitamine satt

Speisepilze wie Champignons, Shiitake, Austernpilze und Hericium sind auch eine wertvolle Quelle für die Versorgung unseres Körpers mit Vitaminen. Besonders reichlich enthalten sind die Vitamine der B-Gruppe. Sie sind zum Beispiel die einzige nicht-tierische Nahrungsquelle für Vitamin B12. Durch den täglichen Verzehr von 100 Gramm Pilzen - das sind zum Beispiel etwa drei Champignons - können wir viel für unsere Versorgung mit den essenziellen B-Vitaminen Riboflavin (B2), Niacin (B3), Pantothensäure (B5) und Biotin (B7) tun.

Die Vitamine Riboflavin (B2) und Niacin (B3) sind unter anderem für unseren Stoffwechsel und die Zellfunktionen von Bedeutung. Außerdem spielen sie eine wichtige Rolle bei der Energiegewinnung unserer Körperzellen aus Kohlenhydraten, Proteinen und Fett. Je mehr wir also leisten müssen oder wollen, sei es nun im Beruf, in der Familie oder im Sport, desto mehr dieser beiden Vitamine benötigen wir auch. Es ist daher immer eine gute Idee, auch zwischendurch einmal einen kleinen Snack mit Pilzen zu sich zu nehmen.

Sowohl Pantothensäure (B5) wie Biotin (B7) spielen als Koenzyme eine wichtige Rolle bei der Aktivierung von Enzymen. Pantothensäure wird von unserem Körper zudem bei der Bildung von Hormonen, Neurotransmittern und Hämoglobin benötigt.

Nicht zu unterschätzen ist auch der Gehalt an Vitamin D in Speisepilzen. Vitamin D ist unter anderem für die Knochengesundheit sehr wichtig.

Essenzielle Mineralstoffe

Auch in punkto Mineralstoffe haben uns Speisepilze eine Menge zu bieten. So sind sie reich an Kalium, Phosphor, Kupfer und Selen. Auch Magnesium, Eisen und Zink sind enthalten, allerdings in geringeren Mengen. Kalium beispielsweise benötigen wir für den Erhalt unseres Wasser- und Elektrolythaushalts. Ebenso scheint eine kaliumreiche und salzarme Ernährung Bluthochdruck vorzubeugen und den Blutdruck zu senken. Auch für die Funktion unserer Muskeln und Nerven ist dieses Mineral wichtig. 100 Gramm Pilze enthalten im Durchschnitt 310 Milligramm Kalium und liefern damit etwa acht Prozent des empfohlenen Tagesbedarfs bei Männern und elf Prozent bei Frauen.

Kupfer ist nicht nur wichtig für die Produktion der roten Blutkörperchen, sondern auch Bestandteil der natürlichen antioxidativen Enzyme, die unser Körper selbst herstellt, und daher für unsere Abwehrkräfte von Bedeutung. Ebenso ist Kupfer in die Produktion von Energie und den Aufbau von Sehnen und Neurotransmittern eingebunden. 100 Gramm Pilze enthalten im Durchschnitt 342 Milligramm Kupfer und decken dadurch etwa 20 Prozent des empfohlenen Tagesbedarfs bei Männern und 28 Prozent bei Frauen.

Gut für die schlanke Linie

Ebenso wie zum Beispiel Früchte und Gemüse verfügen Speisepilze über eine geringe Energiedichte. Sie sind ausgesprochen fett- und kalorienarm. So enthalten 100 Gramm Pilze im Durchschnitt nur 25 kcal; Champignons sogar nur 15. Sie helfen uns daher, unser Gewicht zu kontrollieren und schlank zu bleiben oder wieder zu werden. Interessant ist hier übrigens auch, dass Pilze im Vergleich zu Gemüse eine größere Bandbreite an Nährstoffen bieten.

Darüber hinaus enthalten Pilze reichlich Ballaststoffe. Diese sind gut für die Verdauung, da sie die Beweglichkeit des Dickdarms erhöhen und durch Wasserbindung im Dickdarm hartem Stuhl oder Verstopfung entgegenwirken. Ein weiterer Vorteil: Ballaststoffe sorgen für ein länger anhaltendes Sättigungsgefühl, wodurch wir nicht so schnell wieder Hunger bekommen. Alles gut für die Figur.

Niedriger gykämischer Index

Vielleicht haben Sie schon einmal vom glykämischen Index (GI) gehört, einem Maß zur Bestimmung der Wirkung eines kohlenhydrathaltigen Lebensmittels auf den Blutzuckerspiegel. Diese Wirkung ist ein Indikator dafür wie schnell ein kohlenhydrathaltiges Lebensmittel verdaut und vom Blut aufgenommen wird. Da der Anteil an Kohlenhydraten in Pilzen so gering ist, haben sie einen glykämischen Index von nahezu 0. Das heißt, dass der Genuss von Pilzen praktisch keine Auswirkung auf den Blutzuckerspiegel hat.

Gesunde Powergemüse

Speisepilze enthalten viele essenzielle Nährstoffe, sind aber gleichzeitig kalorienarm. Als echtes Powergemüse sind sie daher ein wertvoller täglicher Bestandteil einer gesunden und ausgewogenen Ernährung für die ganze Familie!

Gesunde Pilze aus Deutschland: Beste, erntefrische Qualität aus kontrolliertem Integriertem Anbau

Champignons und andere Kulturspeisepilze aus Deutschland bieten das ganze Jahr über gleichbleibend frische und beste Qualität. Ihre Erzeugung unterliegt strengsten Qualitätskontrollen sowie ständiger Qualitätssicherung. Sie werden besonders umweltfreundlich und ohne Einsatz von jeglicher Chemie gezüchtet. Dabei erfolgt der Anbau nach den strengen Vorschriften des kontrollierten Integrierten Anbaus.
Die Champignonzucht erfordert Zeit, Geduld und sehr viel Know-how. Das beginnt schon bei der sorgfältigen Herstellung und Reifung des speziellen Kultur-Substrats, das ausschließlich aus organischen Substanzen gewonnen wird. Und bis nach der „Impfung" des Substrats mit der Pilzbrut dann die ersten kleinen Pilzköpfe sprießen, vergehen noch einmal rund drei Wochen.
Da Champignons druckempfindlich sind, werden sie im deutschen Anbau ausschließlich von Hand geerntet und sofort nach Größen in ihre Verkaufsverpackungen sortiert.
Im deutschen Champignonanbau werden alle Abfälle weitgehend erneut kompostiert und wiederverwertet. So dient z. B. das abgeerntete Substrat der Landwirtschaft als hochwertiger Kompost. Der marktnahe Anbau sorgt nicht nur für stets beste, erntefrische Qualität, sondern auch für kurze Transportwege und damit für eine gute Verkehrswegebilanz.

Frische und beste Qualität aus Deutschland!

Was viele Produzenten von Nahrungsmitteln anstreben, das praktizieren deutsche Champignonzüchter bereits heute: Umweltfreundlicher Anbau, ohne Einsatz von Chemie und mit Recycling aller Abfallprodukte. Auch kommen so gut wie keine Pflanzenschutzmittel zum Einsatz

Champignons - aber auch Austernpilze und Shiitake - aus deutschem Anbau kommen aus kontrolliertem Integriertem Anbau. Dabei haben sich die deutschen Champignon-Anbauer bundesweit einheitliche Richtlinien auferlegt, die sogar über die strengen gesetzlichen Vorschriften hinausgehen. Zusätzlich zur eigenen strengen Qualitätssicherung der Anbauer, werden alle Betriebe regelmäßig von einer unabhängigen Fachkommission kontrolliert.

Aufwendiger, zeitintensiver Anbau - ohne Einsatz von Chemie

Rein biologische Züchtung, ohne chemische Dünger

Kulturspeisepilze gedeihen am besten in dunklen, kühlen Räumen mit einer hohen Luftfeuchtigkeit. Pilze besitzen kein Chlorophyll und können das Licht der Sonne nicht in Nahrung umwandeln. Der Nährboden, auf dem sie wachsen, ist ganz entscheidend für die Qualität der Pilze.

Für den Champignon-Anbau braucht es Zeit, Geduld und viel Know-how

In der Champignon-Zucht verwendet man als Nährboden ein spezielles Substrat, das ausschließlich aus organischen Substanzen wie Stroh und Gips gewonnen wird.

Die Herstellung des Nähr-Substrats ist aufwändig und erfordert viel Zeit, Erfahrung und Fachwissen. Am Ende einer aufwändigen Prozedur hat sich ein Substrat entwickelt, das ohne jegliche Chemie natürlich gereift ist und ausschließlich aus organischen Bestandteilen besteht. Champignons aus Deutschland enthalten daher keinerlei schädliche Rückstände!

„Bevor man ernten kann, muss man säen“

Das Kultur-Substrat wird mit der Champignonbrut „geimpft“, wie es in der Fachsprache heißt. Die Brut besteht aus Getreidekörnern, die mit dem Champignonmyzel, einem Geflecht aus winzig kleinen Pilzfäden, durchwachsen sind. Anschließend wird das „geimpfte“ Substrat mit Deckerde abgedeckt und in die klimatisierten Kulturräume auf Kisten oder Stellagen eingelagert. Nach mehreren Wochen entstehen daraus erntereife Champignons.

Sorgfältige Ernte in Handarbeit

Champignons sind sensible Lebewesen und recht druckempfindlich. Daher erfolgt die Ernte ausschließlich von Hand. Die Pilze werden von den PflückerInnen sorgfältig aus der Erde herausgedreht, vorsichtig geputzt und sofort nach Größen sortiert in ihre Verkaufsverpackung gelegt.

Nachhaltiger Anbau und Recycling:

Im deutschen Champignon-Anbau wird viel Wert auf Nachhaltigkeit und Recycling gelegt. Alle Abfälle wie z. B. Champignon-Anschnitte werden soweit es geht erneut kompostiert und wiederverwertet. Auch ist das abgeerntete Champignonsubstrat ein sehr hochwertiger Kompost. Aufgrund des ökologisch einwandfreien Herstellungsverfahrens wird er in der Landwirtschaft gerne eingesetzt. Besonders die Spargelanbauer schätzen seinen hohen Humus- und Pflanzennährstoff.

Kurze Transportwege

Rund 100 Züchter in ganz Deutschland erzeugen das ganze Jahr über Champignons in bester Qualität. Durch den regionalen, marktnahen Anbau gibt es auch keine langen Transportwege. Das ist nicht nur gut für die Umwelt, sondern sorgt auch für eine erntefrische Auslieferung. So werden Champignons aus deutschem Anbau fast immer noch am Tag der Ernte ausgeliefert.

Ausführliche Informationen über die Herstellung von Champignons finden Sie in unserem Produktionsvideo auf **www.Gesunde-Pilze.de**

Nützliches zum Einkauf von Speisepilzen

Frische weiße oder braune Champignons, aber auch Shiitake und Austernpilze sind als Kulturspeisepilze das ganze Jahr über in praktisch jedem Supermarkt und immer in bester Qualität erhältlich. Aber natürlich auch im Obst- und Gemüsehandel. Die meist angebotene Sorte ist der weiße Champignon mittlerer Größe mit geschlossenem Hut. Auch der Hericium ist als Frischware zunehmend öfter im Handel zu finden.

Achten Sie beim Kauf aber darauf, dass die Pilze unbeschädigt und schön prall und knackig sind. Bei Champignons sollten die Hüte geschlossen sein. Vertrauen Sie ruhig auch Ihrer Nase: Frische Pilze guter Qualität duften angenehm aromatisch und fein. Bei weißen Champignons zeigt sich die Frische auch an der Schnittfläche: Sie sollte möglichst weiß sein!

Manchmal finden sich an den Pilzen noch kleine Reste von Torf oder Stroh. Das tut der Qualität aber keinerlei Abbruch. Vor der Zubereitung wischt man sie einfach mit einem weichen sauberen Tuch oder einer Pilzbürste ab. Waschen ist nicht nötig und wirkt sich zudem ungünstig auf das Aroma und die Konsistenz der Pilze aus.

Nützliches zur Lagerung von Speisepilzen

Je frischer die Pilze sind, desto besser und aromatischer schmecken sie. Deshalb sollten sie auch möglichst noch am Tag des Einkaufs zubereitet werden. Sie können sie aber bedenkenlos für ein bis drei Tage im Gemüsefach des Kühlschranks lagern.

Pilze mögen es luftig

Wenn Sie die Pilze in einem Schälchen mit Folie gekauft haben, dann brauchen Sie die Folie für die Lagerung übrigens nicht zu entfernen. Da Pilze es gerne luftig haben, ist die Folie nämlich immer mit einer so genannten Mikroperforation ausgerüstet. Auch wenn man es mit dem bloßen Auge nicht sehen kann, sorgt diese Mikroperforation mit hunderten winzig kleinen Luftlöchern dafür, dass die Pilze „atmen" können. Aber Sie können sie natürlich auch aus dem Schälchen heraus nehmen und in ein trockenes, sauberes Tuch einwickeln.

Trocken soll es sein

Auch ein dunkler, kühler Keller eignet sich übrigens gut zur Aufbewahrung. Er sollte aber unbedingt trocken sein, denn Pilze nehmen Feuchtigkeit auf und können dann schnell etwas glitschig werden und ihr schönes Aussehen verlieren. Die beste Lagertemperatur liegt bei etwa 7 °C.

Und denken Sie daran: Wie alle Pilze nehmen frische Champignons, Austernpilze und Shiitake nicht nur Feuchtigkeit, sondern auch Gerüche auf. Deshalb sollten sie auch nicht in der Nähe geruchsintensiver Lebensmittel, wie zum Beispiel Fisch, herzhaften Käsesorten oder Gemüse wie Zwiebeln oder Porree liegen.

Zugluft unerwünscht

Vermeiden sollten Sie unbedingt auch direkte Zugluft, denn sie lässt die Pilze schnell gelb, fleckig und trocken werden. Auch direkte Sonne bekommt den sensiblen Pilzen nicht.

Nützliches zur Verarbeitung von Speisepilzen

Schnelle und einfache Verarbeitung

Die Verarbeitung frischer Pilze ist kinderleicht, geht schnell und macht so gut wie keine Arbeit. Kulturspeisepilze kommen fast schon küchenfertig in den Handel. Man braucht sie weder zu schälen, noch zu waschen. Es gibt also weder Abfall noch Gewichtsverlust. Waschen schadet ihnen sogar, da sie sehr schnell Feuchtigkeit aufnehmen und dann glitschig werden können und an Aroma verlieren.

Sollte der untere Stiel etwas trocken sein, schneiden Sie ihn mit einem Messer ab. Anschließend je nach ausgewähltem Gericht ganz, in Stücken oder in Scheiben geschnitten verarbeiten. Wenn man möchte, kann man sie auch mit einem Eierschneider in gleichmäßige Scheiben schneiden oder mit dem Zwiebelhacker ganz fein zerkleinern. Hut und Stiel sind übrigens gleich zart und aromatisch. Möchten Sie die Stiele zum Beispiel für gefüllte Hüte entfernen, dann am besten einfach vorsichtig abdrücken.

Ein wenig Fingerspitzengefühl ist durchaus gefragt

Speisepilze sind ganz gerne kleine Sensibelchen. Am besten geht man daher mit etwas Fingerspitzengefühl mit ihnen um. Druck und Reibung können nämlich dunkle Flecken auf den schönen Hüten hinterlassen. Sollte das passieren, dann ist das aber nur ein kleiner

Schönheitsfehler, der weder ihr Aroma noch ihre Haltbarkeit beeinträchtigt. Deshalb braucht man die Flecken auch nicht wegschneiden. Und ganz gleich, welche Köstlichkeiten Sie mit ihnen zubereiten, bitte immer erst nach dem Garen würzen!

Eine viel gestellte Frage: Darf man Pilzgerichte aufwärmen?

Vielen von Ihnen steckt sicherlich immer noch der Rat unserer Großmütter im Kopf, dass man Pilze nicht aufwärmen dürfe. Dank der Erfindung des Kühlschranks dürfen Sie diesen gut gemeinten Ratschlag aber getrost vergessen. Falls Sie also einmal weniger Hunger haben als gedacht oder unversehens ein Gast beim Essen gefehlt hat: Pilzgerichte können unbedenklich für einen Tag im Kühlschrank aufbewahrt werden. Sie müssen vor dem Verzehr am nächsten Tag aber nochmals gut und auf mindestens 70 °C erhitzt werden.

Vorspeisen & Snacks mit Fleisch und Fisch

Wraps mit Pilzfüllung

Zeitaufwand: 20 Min. + 5 Min. Garzeit

Pro Portion: 489 kcal/2050 kj • Eiweiß 17,8 g • Fett 34 g • Kohlenhydrate 29 g

Für 2 Personen

- 200 g Pilze (Champignons, Shiitake)
- 1 EL Olivenöl
- eine halbe Zwiebel, in Würfel geschnitten
- 100 g Thunfisch (in Wasser) gut abtropfen lassen
- 1 Tomate
- 50 g schwarze und grüne Oliven
- 1 EL frische geh. Petersilie
- 2 EL Mayonnaise
- Salz, Pfeffer aus der Mühle
- Chilipulver
- 2 Tortillas (Weizenmehl-Fladen)
- *Saté- oder Schaschlik-Spieße*

1. Die Champignons / Shiitake putzen und in kleine Stücke schneiden. Olivenöl in der Pfanne erhitzen und die Pilze ca. 3 Min. anbraten, Zwiebeln zufügen und abschmecken. Abkühlen lassen.
2. Die Tomate waschen, vierteln und das Fruchtfleisch entfernen. Tomatenviertel in kleine Würfel schneiden und Oliven klein schneiden. Den Thunfisch in einer Schüssel mit einer Gabel zerkleinern, Tomatenwürfel, Oliven, Petersilie, Mayonnaise und die Pilze dazugeben, gut vermischen und mit den Gewürzen abschmecken.
3. Anschließend die Mischung über die Tortillas verteilen und diese einrollen. Mit Spießen fixieren und schräg in der Mitte aufschneiden.

Variationen gefüllter Champignons

Zeitaufwand: 20 Min. + 20 - 30 Min. Garzeit

Pro Portion: 448 kcal/1872 kj · Eiweiß 25,7 g · Fett 35 g · Kohlenhydrate 7 g

Für 3-4 Personen

- 4-6 große Grillchampignons (z. B. Bella Gomba)
- 2 EL Sesamöl
- 1 Knoblauchzehe
- Salz, Pfeffer

Füllung 1:

- 250 g Hackfleisch gemischt
- 1 Ei
- 1 EL Vollmilchjoghurt
- 1 kleine Zwiebel
- 1 Knoblauchzehe
- 80 g Kartoffelwürfel aus gekochten Kartoffeln
- Ingwer, Koriander, Cumin, Curcuma, Tandoori Masala
- Salz, Pfeffer

Füllung 2:

- 200 g Frischkäse
- 3 EL rote Paprikawürfel
- 2-3 Blätter frischer Bärlauch
- Salz, Pfeffer
- klein gehackte Champignonstiele

1. Die Champignons putzen und die Stiele herausdrehen oder schneiden. Die Lamellen auch entfernen.
2. Das Sesamöl mit der zerdrückten Knoblauchzehe vermischen und mit Salz und Pfeffer abwürzen. Die Champignons mit dem Würzöl einstreichen und ziehen lassen.
3. Für die Füllung 1 das Hackfleisch mit dem Ei und Joghurt verkneten. Die gewürfelte Zwiebel und den zerdrückten Knoblauch zufügen und mit den Gewürzen kräftig abschmecken. Zuletzt die Kartoffelwürfel unterheben. Die fertige Füllung in 2-3 Grillchampignons verteilen.
4. Für die Füllung 2 den Bärlauch waschen und sehr fein kleinschneiden. Die herausgedrehten Champignonstiele kleinhacken und zu dem Bärlauch geben. Den Frischkäse, Paprikawürfel, Salz und Pfeffer hinzufügen und gut vermischen. In die restlichen Grillchampignons verteilen.
5. Die gefüllten Grillchampignons mit der Pilzseite nach unten auf den Grillrost legen und garen. Die Hackfleischchampignons benötigen etwa 20-25 Min., die Frischkäsechampignons etwa 15 Min.

Hubertus-toast

Zeitaufwand: 30 Min. + 20 Min. Garzeit

Pro Portion: 884 kcal/2370 kj · Eiweiß 56,9 g · Fett 58 g · Kohlenhydrate 34 g

Für 4 Personen

- 600 g Schweinefilet
- 4 EL Olivenöl
- 400 g gemischte Pilze (z. B. Champignons, Austernpilze)
- 1 Zwiebel
- Salz, Pfeffer, roter Curry
- 200 g Sahne
- 40 g Kräuterbutter
- 1 EL heller Saucenbinder
- 8 Scheiben Gouda oder Butterkäse
- 8 Scheiben Toastbrot
- ½ Bund Schnittlauch

1. Die Pilze putzen und in Scheiben schneiden, die Zwiebel schälen und fein würfeln. Den Schnittlauch in feine Röllchen schneiden. Anschließend das Schweinefilet entsehnen und in 8 Medaillons teilen.
2. In einer großen Pfanne 2 EL Olivenöl erhitzen und die Medaillons von beiden Seiten kross anbraten und herausnehmen. In der gleichen Pfanne weitere 2 EL Olivenöl erhitzen und die Pilze mit den Zwiebeln anbraten, mit Salz, Pfeffer und rotem Curry abschmecken. Nach 5 Min. die Sahne hineingeben, die Kräuterbutter zufügen und mit Saucenbinder abbinden. Die Pfanne vom Herd nehmen.
3. Die Toastscheiben toasten und jeweils zwei auf einen feuerfesten Teller legen. Auf jeden Toast ein gebratenes Medaillon platzieren, einen gehäuften Esslöffel der Pilzmischung geben und mit einer Scheibe Käse belegen. Die Teller nach und nach unter dem Salamander oder Backofengrill goldbraun überbacken. Es ist auch möglich, alle Toastscheiben gleichzeitig auf einem Backblech zu überbacken.

TIPP

Wer es noch deftiger mag, kann mit Bier abgelöschte Speckwürfel zu der Pilzmischung geben. Dazu passt ein gemischter Salat.

Gefüllte Zucchini

Zeitaufwand: 30 Min. + 45 Min. Garzeit

Pro Portion: 367 kcal/1538 kj • Eiweiß 42,8 g • Fett 18 g • Kohlenhydrate 7 g

Für 4 Personen

- 500 g gemischte Pilze (z.B. Champignons, Austernpilze)
- 4 mittlere Zucchini
- 2 kleine Zwiebeln
- 2 Knoblauchzehen
- 1 rote Paprikaschote
- 500 g Hähnchenbrust, natur
- 1 Ei
- 4 EL Olivenöl
- 1 EL gehacktes, frisches Basilikum und Oregano
- Salz, Pfeffer, Chili, Gemüsebrühe- oder Hühnerbrühe-Pulver
- 100 g geriebener Mozzarella
- 500 g Tomaten in Stücken

TIPP

Anstatt Hähnchenbrust kann man die doppelte Menge an Pilzen nehmen und das Gericht vegetarisch zubereiten. Bandnudeln und Spaghetti passen auch sehr gut dazu.

1. Die Pilze putzen und in kleine Würfel schneiden. Die Zucchini waschen, den Strunk entfernen und halbieren. Das Kerngehäuse mit einem Löffel entfernen und die Hälften auf einen Teller legen. Die Zwiebel schälen, würfeln und den Knoblauch enthäuten. Die Paprika waschen, putzen und fein würfeln. Die Hähnchenbrust in möglichst kleine Stücke schneiden.
2. In einer Pfanne 2 EL Olivenöl erhitzen und die Hälfte der Zwiebelwürfel darin anbraten. Die Pilzwürfel zufügen, mit einer Knoblauchzehe und Gewürzen abschmecken und weiterbraten lassen, bis die Flüssigkeit verdampft ist. Vom Herd nehmen und auskühlen lassen.
3. In einer weiteren Pfanne die restlichen Zwiebelwürfel in 2 EL Olivenöl glasig werden lassen. Anschließend die Tomatenstücke hineingeben, eine Knoblauchzehe durch die Presse hineinpressen. Mit den Gewürzen und den frischen Kräutern abschmecken. Warm stellen.
4. Die Hähnchenbruststücke in eine große Schüssel geben und mit Gewürzen kräftig abschmecken. Die Pilzmischung, Paprikawürfel, restliche Kräuter und Ei zufügen und alles gut vermischen. Mit einem Löffel die Pilz-Hähnchen-Mischung in die Zucchini-Hälften füllen. Eine Auflaufform fetten und die gefüllten Zucchini nebeneinander hineinsetzen. Mit geriebenem Käse bestreuen. Im heißen Ofen bei 160 °C, ca. 45 Min. garen. Die fertigen Zucchini mit der Tomatensauce anrichten.

Vorspeisen & Snacks vegetarisch

Rapunzeln mit gemischten Pilzen

Zeitaufwand: 10 Min. + 20 Min. Garzeit

Pro Portion: 330 kcal/1382 kj · Eiweiß 10,5 g · Fett 29 g · Kohlenhydrate 6 g

Für 2 Personen

- 100 g Rapunzel-Salat (Feldsalat)
- 1 halbe Schalotte, gewürfelt
- 1 kleine Knoblauchzehe, zerdrückt
- 250 g gemischte Pilze (Champignons, Austern- oder Shiitakepilze)
- 1 EL Aceto Balsamico Essig
- 1 EL Gemüsebrühe
- 1 TL Honig
- Salz, Pfeffer aus der Mühle
- 5 EL Olivenöl
- 1 EL Petersilie, gehackt
- 25 g Parmesan, gehobelt

1. Rapunzel waschen und gut abtropfen lassen. Die Pilze putzen und in Scheiben schneiden. 2 EL Olivenöl in einer Pfanne erhitzen. Die Pilze mit den Schalottenwürfeln und Knoblauch anbraten, salzen und pfeffern. Zuletzt die Petersilie unterheben. Abkühlen lassen.
2. Aceto Balsamico, Gemüsebrühe, Honig, Salz und Pfeffer verrühren, langsam 3 EL Olivenöl unterschlagen.
3. Rapunzel mit dem Dressing vermischen. Auf Tellern anrichten. Die Pilzmischung darauf verteilen und mit gehobeltem Parmesan garnieren.

TIPP

Dazu passt ofenfrisch gebackenes Baguette oder Ciabatta.

Champignon-Salat

Zeitaufwand: 15 Min.

Pro Portion: 290 kcal/1214 kj · Eiweiß 8,5 g · Fett 22 g · Kohlenhydrate 14 g

Für 2 Personen

- 40 g Pinienkerne
- 400 g Champignons, weiß
- 1 große Orange
- 1 kleiner Chiccoree
- 100 g Ananas, frisch oder aus der Dose
- 150 ml Vollmilchjoghurt
- 120 g Salatmayonnaise, 50 % Fett
- 1-2 EL Curry
- 1 EL Zucker
- Salz, Pfeffer aus der Mühle
- Chili nach Geschmack
- 1 TL Agavendicksaft

1. Pinienkerne in einer Pfanne ohne Öl rösten und abkühlen lassen. Die Champignons putzen und in Scheiben schneiden. Mit einem Messer die Schale der Orange großzügig abschneiden. Filets heraustrennen und den Saft auffangen. Frische Ananas schälen und den Strunk entfernen. Etwa 100 g Ananas in kleine Würfel schneiden. Von dem Chiccoree 4 Blätter zur Dekoration aufheben, den Rest in Streifen schneiden.
2. Joghurt, Mayonnaise und 1 EL Curry mit etwas Orangensaft verrühren. Mit den restlichen Gewürzen und Agavendicksaft kräftig abschmecken. Anschließend die Pinienkerne, Champignons, Orangenfilets, Chiccoreestreifen und Ananaswürfel unter die Sauce heben.

Champignon-Gemüse-Spieße

Zeitaufwand: 20 Min. + 20 Min. Garzeit

Pro Portion: 120 kcal/502 kj • Eiweiß 14,2 g • Fett 4 g • Kohlenhydrate 7 g

Für 4 Personen

- 200 g Champignons
- 250 g Tofu (evtl. Paprikatofu)
- 1 Paprikaschote, rot
- 1 Zucchini
- 1 Gemüsezwiebel
- 3 EL Sojasauce
- 1 EL Reiswein oder -essig, alternativ Apfelessig
- 1 Bio-Orange, Zesten und Saft
- Koriandergrün
- Asiatische 5-Gewürze-Mischung
- *8 Holzspieße*

TIPP

Anschließend mit Öl von gerösteter Sesamsaat und gerösteten Sesamkörnern bestreuen und Baguette dazu reichen. Guten Appetit!

1. Die Champignons putzen, Tofu in 12-16 Würfel schneiden, Paprika und Zucchini waschen und putzen und in 12-16 Stücke schneiden. Die Zwiebel schälen und halbieren und vierteln. Die Holzspieße wässern.
2. Für die Marinade die Orange waschen und Zesten ziehen, anschließend auspressen. Das Koriandergrün kleinhacken. Etwa 1 EL Koriandergrün zu dem Orangensaft geben, Zesten unterrühren. Sojasauce, Reiswein und 5-Gewürz-Mischung dazugeben, evtl. noch mit Salz und Pfeffer abschmecken.
3. Das Gemüse mit dem Tofu abwechselnd auf die Holzspieße stecken. Die fertigen Spieße in eine große Auflaufform nebeneinander legen und mit der Marinade benetzen. Mindestens eine Stunde ziehen lassen, dabei öfters wenden.
4. Die Spieße können auf dem Grill bei mäßiger Hitze oder in der Pfanne mit etwas Öl gegart werden. Sie benötigen ca. 20 Min., zwischendurch drehen und mit der Marinade beträufeln.

Blätterteig-Pilztaschen

Zeitaufwand: 30 Min. + 15 Min. Garzeit

Pro Portion: 492 kcal/2058 kj · Eiweiß 9,0 g · Fett 40 g · Kohlenhydrate 25 g

Für 3-4 Personen

- 4 Filo-Blätterteigblätter (sehr feiner Blätterteig aus dem türkischen oder griechischen Feinkostgeschäft)
- 1 EL Olivenöl
- 1 kleine Zwiebel
- 150 g Champignons
- Salz, Pfeffer aus der Mühle
- Chilipulver nach Belieben
- 1 EL geriebener Parmesan
- 5 g Semmelbrösel
- 20 g Butter

1. Die Pilze putzen und sehr klein hacken. Die Zwiebel fein würfeln. Das Olivenöl in einer Pfanne erhitzen und die Pilze mit den Zwiebelwürfeln darin dünsten. Mit Salz, Pfeffer und Chili würzen. In eine Schüssel umfüllen, Parmesan und Semmelbrösel unterheben.
2. 20 g Butter schmelzen lassen.
3. Filo-Teigblätter erst kurz vor der Verwendung ausbreiten. Nicht verwendete Teigblätter mit einem feuchten Küchentuch abdecken. Je 2 Filo-Teigblätter mit Butter bestreichen und aufeinander legen. Längs in 4 Streifen schneiden.
4. Jeweils 1 EL der Champignon-Mischung auf ein Streifenende setzen. Eine Teigecke diagonal über die Füllung zur anderen Teigecke hin falten, so dass sich ein Dreieck ergibt. So fortfahren bis zum Ende des Streifens.
5. Die Dreiecke auf ein mit Backpapier ausgelegtes Backblech legen. Mit flüssiger Butter bestreichen und bei 180 °C etwa 15 Min. backen.

TIPP

Ergibt 8 Teigtaschen. Lecker als Vorspeise, Happen zwischendurch oder fürs Picknick.

Champignon-Butter

Zeitaufwand: 10 Min. + 20 Min. Abkühlen

Pro Portion: 414 kcal/1733 kj • Eiweiß 3,1 g • Fett 45 g • Kohlenhydrate 1 g

Für 4 Personen

- 250 g Champignons, weiß
- 1 kleine Schalotte
- 1 mittlere Knoblauchzehe
- Salz, Pfeffer aus der Mühle
- geriebene Muskatnuss
- Chili nach Geschmack
- 1 EL Butter zum Braten
- 200 g weiche Butter (Sauer- oder Süßrahmbutter)

1. Die Champignons putzen und in 0,5 cm große Würfel oder Streifen schneiden (mit dem Messer oder der Küchenmaschine). Die Schalotte schälen und würfeln. Den Knoblauch schälen und durch die Knoblauchpresse drücken.
2. 1 EL Butter in einer Pfanne erhitzen und die Schalotte anschwitzen. Pilze und Knoblauch dazu geben und anbraten bis die Flüssigkeit verdampft ist. Mit den Gewürzen kräftig abschmecken und abkühlen lassen.
3. Die weiche Butter und die erkaltete Pilzmasse in die Küchenmaschine mit Hackmesser geben. Alles gut zerkleinern und vermischen lassen, evtl. noch mal abschmecken. Mit einem Spritzbeutel in kleine Portionsschälchen abfüllen und kalt stellen.

TIPP

Ein leckeres Party-Rezept.
Dazu passt frisches Baguette!

Champignon-Bruschetta

Zeitaufwand: 10 Min. + 15 Min. Garzeit

Pro Portion: 430 kcal/1798 kj · Eiweiß 21,4 g · Fett 21 g · Kohlenhydrate 39 g

Für 2-3 Personen

- 8 Baguette-Scheiben
- 200 g Champignons
- 15 g Butter
- 100 g geriebener, pikanter Käse, z. B. Greyerzer
- 1 Eigelb
- 1 Eiweiß, zu Schnee geschlagen
- je 1 EL gehackte Petersilie, Schnittlauchröllchen
- 25 g Sahne
- 1 gestr. TL Rosenpaprika
- 1 mittlere Knoblauchzehe, zerkleinert
- Salz, Pfeffer, Chili

1. Die Champignons mit dem Pinsel säubern und putzen, in Scheiben schneiden und in der Butter rasch anbraten. Mit Salz, Pfeffer, Chili und Knoblauch abschmecken. Anschließend solange kochen, bis der eigene Saft verdampft ist. Abkühlen lassen.
2. Ein Backblech mit Backpapier vorbereiten und die Brotscheiben gleichmäßig darauf verteilen.
3. Den Backofen auf 180 °C vorheizen.
4. Die Champignons mit dem Käse, Eigelb, Kräutern, Sahne und Gewürzen vermischen, zuletzt den Eischnee unterheben. Sofort die Masse auf den Baguettescheiben gleichmäßig verteilen und etwa 15 Min. im heißen Ofen backen.
5. Die fertigen Champignon-Brotscheiben noch frisch servieren.

Gefüllte Champignons

Zeitaufwand: 15 Min. + 2 Std. marinieren

Pro Portion: 362 kcal/1512 kj • Eiweiß 15,0 g • Fett 29 g • Kohlenhydrate 2 g

Für 2 Personen

- 4 große, weiße Champignons
- 2 EL Sherry
- 2 EL Olivenöl
- Saft einer halben Zitrone
- Salz, Pfeffer aus der Mühle
- Chilipulver
- 50 g Greyerzer, gewürfelt
- 1 Ei, hartgekocht
- 1 EL Mayonnaise
- 1 EL Crème fraîche
- ½ EL Petersilie, gehackt
- Oliven in Scheiben, zum Garnieren

1. Die Champignons putzen und die Stiele entfernen und für die Füllung verwahren.
2. Den Sherry, das Olivenöl und den Zitronensaft verrühren und mit Salz und Pfeffer abschmecken. Die Champignonköpfe damit beträufeln und für mindestens 2 Stunden im Kühlschrank marinieren.
3. Anschließend die Füllung zubereiten. Dazu Ei und Champignonstiele fein hacken.
4. Den gewürfelten Käse, das Ei, die gehackten Stiele, die Petersilie, die Mayonnaise und die Crème fraîche miteinander verrühren. Mit Salz, Pfeffer und evtl. Chilipulver abschmecken.
5. Die Füllung auf die Champignons gleichmäßig verteilen und mit Olivenscheiben und Petersiliesträußchen garnieren.

TIPP

Dieses Gericht ist eine wunderbare Vorspeise oder auch eine kleine leichte Mahlzeit.

Pilzpuffer

Zeitaufwand: 15 Min. + 10-15 Min. Garzeit

Pro Portion: 238 kcal/997 kj · Eiweiß 8,0 g · Fett 7 g · Kohlenhydrate 35 g

Für 2 Personen

- 250 g Champignons
- 500 g Kartoffeln
- 1 kleine Zwiebel, fein gewürfelt
- Salz, Pfeffer aus der Mühle
- geriebene Muskatnuss
- 1 EL Petersilie, gehackt
- 1-2 EL Mehl oder Grieß nach Bedarf
- Rapsöl zum Ausbraten

1. Die Champignons putzen. Die Kartoffeln schälen. Beides fein raspeln und mit den Zwiebelwürfeln und der Petersilie vermischen.
2. Mit Salz, Pfeffer und Muskat kräftig abschmecken. Falls der Teig zu weich ist, noch Mehl oder Grieß einrühren.
3. Öl in einer Pfanne erhitzen. Den Teig löffelweise hineingeben, breitdrücken und von beiden Seiten knusprig braten.

TIPP

Dazu passt ein frischer Blattsalat.

Weißkohlsalat mit Austernpilzen

Zeitaufwand: 30 Min. + 3 Min. Garzeit

Pro Portion: 251 kcal/1047 kj • Eiweiß 5,9 g • Fett 19 g • Kohlenhydrate 13 g

Für 4 Personen

- 600 g Weißkohl
- 200 g Austernpilze, auch andere Pilze sind möglich
- 1 Paprikaschote, rot
- 1-2 Knoblauchzehen, z. B. französisch rosé
- 3 EL ungeröstetes Sesamöl
- 1 kleine Zwiebel
- 2-3 EL flüssiger Honig
- 3-4 EL Sojasauce
- 3-4 EL Reisessig
- 2-3 EL geröstetes Sesamöl
- Salz, Pfeffer, Chili
- 1 haselnussgroßes Stück Ingwer
- 1 EL Petersilie, gehackt
- Koriander, Cumin, gemahlen

1. Den Weißkohl vierteln, den Strunk entfernen und in 1 cm große Stücke bzw. Rauten schneiden. Die Paprika putzen und in Streifen schneiden. Die Pilze putzen und in kleine Würfel schneiden. Die Zwiebel und den Knoblauch putzen und fein würfeln.
2. In einer großen Pfanne oder im Wok das ungeröstete Sesamöl erhitzen und die Zwiebelwürfel mit dem Weißkohl darin anbraten. Die Paprikastreifen, Pilze und Knoblauch zufügen und kurz mit braten. Mit den Gewürzen und dem kleingeschnittenen Ingwer abwürzen. Aus der Pfanne nehmen und abkühlen lassen.
3. Für die Sauce den Honig, Sojasauce, Reisessig, geröstetes Sesamöl, Salz, Pfeffer und Petersilie vermischen. Es kann ruhig kräftig schmecken. Das Gemüse mit dem Dressing vermischen und durchziehen lassen.

TIPP

Dazu passt ein kräftiges Brot. Köstlich ist der Salat aber auch einmal zu einem Fleischgericht! Geröstete Pinienkerne oder Sesam nach Belieben ergänzen den Geschmack.

Gefüllte Tomaten mit Champignons

Zeitaufwand: 30 Min. + 35 Min. Garzeit

Pro Portion: 573 kcal/2404 kj • Eiweiß 24,[illegible] g • Fett 34 g • Kohlenhydrate 43 g

Für 2 Personen

- 4 Fleischtomaten oder Ochsenherzentomaten
- 80 g Langkornreis
- ½ Zwiebel
- 1 Knoblauchzehe
- 150 g Champignons
- 2 EL Olivenöl
- 2 Frühlingszwiebeln
- 1 EL Petersilie, gehackt
- 50 g Schmand oder Crème fraîche
- 20 g Parmesan, gerieben
- 1 Ei
- Salz, Pfeffer aus der Mühle
- Chili
- 50 g geriebener Käse

1. Den Reis in Salzwasser garen, abschütten und auskühlen lassen. In der Zwischenzeit die Tomaten waschen und die Deckel am Strunk entfernen. Die Kerngehäuse herausnehmen und die ausgehöhlten Tomaten in eine gefettete Auflaufform geben.
2. Die Champignons putzen und in kleine Würfel schneiden. Die Zwiebel schälen und würfeln und den Knoblauch schälen. Die Frühlingszwiebel waschen und in Streifen schneiden, die Petersilie hacken.
3. In einer Pfanne das Olivenöl erhitzen und die Zwiebelwürfel glasig anbraten. Die Champignonwürfel dazu geben, den Knoblauch durch die Knoblauchpresse hineinpressen. Jetzt ca. 5 Min. weitergaren. Zuletzt die Frühlingszwiebelringe kurz mitbraten. Nun noch kräftig mit den Gewürzen abschmecken, in eine Schüssel umfüllen und etwas auskühlen lassen.
4. Zu der Champignonmischung werden der gekochte Reis, die gehackte Petersilie, Schmand oder Crème fraîche, Parmesan und das Ei hinzugefügt und gut vermischt. Evtl. nochmals abschmecken und die Mischung in die ausgehöhlten Tomaten füllen. Den geriebenen Käse auf den Tomaten verteilen und im vorgeheizten Ofen bei 160 °C ca. 20 Min. überbacken.

TIPP

Dazu passt ein frischer Salat. Als Vorspeise serviert, ist die Menge ausreichend für 4 Personen.

Pilz-Bohnen-Bratlinge

Zeitaufwand: 30 Min.
+ 30 Min. Garzeit Bohnen
+ 15 Ausbackzeit Bratlinge

Pro Portion: 609 kcal/2551 kj • Eiweiß 26,2 g • Fett 43 g • Kohlenhydrate 30 g

Für 4 Personen

- 250 g weiße getrocknete Bohnen
- 300 g Champignons
- 50 g gemahlene Mandeln
- 25 g gehackte Pistazien
- 2 EL gehackte Petersilie
- 2 EL Olivenöl
- 2 Eier
- Salz, Pfeffer, Chili, Muskatnuss, Koriander

Für den Dip:

- 200 g Schmand
- 1 kleine Knoblauchzehe, gepresst
- 1 EL gemischte Kräuter, TK

Zum Ausbacken:

- 6 EL Olivenöl

1. Bohnen am besten im Schnellkochtopf ca. eine halbe Stunde im Wasser kochen lassen. Im normalen Topf dauert es etwa 1,5 Std. Abschütten und mit dem Pürierstab pürieren. Die Mandeln und 2/3 der Pistazien in einer Pfanne trocken rösten. Die Pilze putzen und in kleine Würfel schneiden oder hacken. In einer Pfanne 2 EL Olivenöl erhitzen und die Pilzwürfel ca. 5 Min. anbraten, würzen und ein Teil der zerdrückten Knoblauchzehe zugeben. Die Mandelmischung, Petersilie und Eier unter das Püree mischen und kräftig abschmecken.
2. Für den Dip den Schmand mit dem Knoblauch und den Kräutern vermischen. Mit Salz und Pfeffer abschmecken.
3. Aus dem Pilz-Bohnen-Teig im restlichen Öl nach und nach 12-14 Bratlinge jeweils ca. 5 Minuten pro Seite goldbraun ausbacken. Die Pilz-Bohnen-Bratlinge mit dem Dip anrichten und mit den restlichen Pistazien bestreuen.

TIPP

Die Zubereitung ist auch mit abgetropften Butterbohnen aus der Dose möglich!

Suppen

Frühlingshafte Champignon-Kräutersuppe

Zeitaufwand: 20 Min. + 10 Min. Garzeit

Pro Portion: 295 kcal/1234 kj • Eiweiß 9,1 g • Fett 21 g • Kohlenhydrate 11 g

Für 2 Personen

- 200 g Champignons, weiß
- Salz, Pfeffer aus der Mühle
- Chili nach Geschmack
- 2 EL gehackte Gartenkräuter (Liebstöckel, Majoran, Thymian)
- 75 ml Weißwein, trocken
- 20 g Butter
- 20 g Mehl
- 500 ml Gemüsebrühe oder Kräuterboullion
- 1 Eigelb, frisch
- 2 EL Sahne
- 1 TL Zitronensaft
- 1 EL Kerbel, gehackt

1. Die Champignons putzen und in Scheiben schneiden.
2. In einem Topf die Butter schmelzen lassen, Mehl einrühren und kurz mitschwitzen. Die Gartenkräuter zugeben, mit Wein ablöschen und mit der Brühe nach und nach auffüllen. Aufkochen lassen und anschließend die Pilzscheiben dazu geben. Mit Salz, Pfeffer und evtl. Chili würzen. Das Ganze ca. 5 Min. leicht köcheln lassen, dabei öfters umrühren.
3. Eigelb, Sahne und Zitronensaft verrühren und in die nicht mehr kochende Suppe einlaufen lassen. Zuletzt den Kerbel einrühren und nochmals abschmecken. Mit viel frischem Kerbel anrichten.

TIPP

Nachdem das Eigelb der Suppe zugefügt wurde, die Suppe nicht mehr kochen lassen, da das Eigelb sonst gerinnt.

Gratinierte Champignonsuppe

Zeitaufwand: 20 Min. + 10 Min. Garzeit

Pro Portion: 546 kcal/2284 kj · Eiweiß 13,0 g · Fett 48 g · Kohlenhydrate 16 g

Für 2 Personen

- 300 g Champignons, weiß und braun
- 1 Schalotte
- 1 Knoblauchzehe
- 10 g Butter
- 1 EL Olivenöl
- 120 ml Gemüsebrühe
- 200 ml Schlagsahne
- 1 gestrichener EL heller Soßenbinder
- Salz, Pfeffer aus der Mühle
- geriebene Muskatnuss
- 1 EL gehackte Petersilie
- 2 Scheiben Toastbrot oder 2 EL Croutons
- 2-3 EL geriebener Gouda

1. Champignons putzen und in Scheiben schneiden. Schalotte und Knoblauch in feine Würfel schneiden.
2. Die Butter und das Olivenöl in der beschichteten Pfanne erhitzen und die Pilze zufügen und kräftig anbraten. Schalotten- und Knoblauchwürfel nach ca. 3 Min. dazugeben, kurz mitbraten lassen, mit Gemüsebrühe und Schlagsahne auffüllen. Mit Salz, Pfeffer und Muskat kräftig abschmecken. Mit dem Soßenbinder abbinden und die Petersilie zugeben.
3. Die Suppe in ofenfeste Suppentassen verteilen, je ca. 250 ml.
4. Das Toastbrot toasten und anschließend auf den Durchmesser der Tassen schneiden. Auf die gefüllten Suppentassen legen, mit Käse bestreuen und unter dem Grill im Backofen oder im vorgeheizten Ofen bei 180 °C (Umluft 160 °C) ca. 10 Min. überbacken lassen.

TIPP

Statt Toastbrot können auch Croutons verwendet werden.

Champignon-Kartoffel-Suppe

Zeitaufwand: 20 Min. + 20 Min. Garzeit

Pro Portion: 287 kcal/1203 kj · Eiweiß 9,0 g · Fett 12 g · Kohlenhydrate 35 g

Für 4 Personen

- 800 g Kartoffeln
- 400 g Champignons
- 1 mittelgroße Karotte
- 1 mittelgroße Zwiebel
- 1 Knoblauchzehe
- 2 EL Olivenöl
- 1 l Gemüsebrühe
- Salz, Pfeffer, Chili
- Majoran, Muskatnuss
- 1 EL Petersilie, gehackt
- 1-2 EL Crème fraîche

1. Kartoffeln, Karotte und Zwiebel fein würfeln. Den Knoblauch schälen und auspressen. Olivenöl in einem Topf erhitzen und die vorbereiteten Zutaten glasig anschwitzen. Die Gemüsebrühe angießen und bei niedriger Hitze ca. 15 Min. köcheln lassen.
2. Die Champignons putzen und in Scheiben schneiden. Die Hälfte der Suppe mit einem Mixstab pürieren. Die Champignons in die Suppe geben und ca. 5 Minuten darin garen. Anschließend mit den Gewürzen abschmecken.
3. Die Suppe in Suppentellern anrichten, je 1 TL Crème fraîche dazugeben und mit gehackter Petersilie bestreuen.

TIPP

Dazu passt sehr gut ein kräftiges Bauernbrot!

Hauptgerichte mit Fleisch und Fisch

Champignon-Tomaten-Schnitzel

Zeitaufwand: 15 Min. + 15 Min. Garzeit

Pro Portion: 345 kcal/1443 kj • Eiweiß 36,2 g • Fett 20 g • Kohlenhydrate 4 g

Für 4 Personen

- 4 Stück Putenschnitzel (je ca. 100-120 g)
- Salz, Pfeffer aus der Mühle
- 1 kleine Zwiebel
- 1Knoblauchzehe
- 2 EL Olivenöl
- 300 g passierte Tomaten
- 400 g Champignons
- 125 ml Sahne
- 30 g gemahlene Mandeln ohne Haut
- 8-10 Blätter frischer Basilikum

1. Putenschnitzel, wenn sie zu dick sind, unter einem Gefrierbeutel plattieren. Dann von beiden Seiten salzen und pfeffern. Die Zwiebel und den Knoblauch schälen und in feine Würfelschneiden. Die Champignons putzen und vierteln.
2. In einer Pfanne das Olivenöl erhitzen und die Putenschnitzel von beiden Seiten kurz anbraten und herausnehmen. Die Pilze, Zwiebeln und Knoblauch in die Pfanne geben. Alles etwa 3 Min. anbraten und die passierten Tomaten aufgießen. Die Schnitzel wieder dazugeben und ca. 5-8 Min. leicht mitköcheln lassen. Die Sahne zufügen, aufkochen lassen und mit den Mandeln abbinden. Nach Geschmack salzen und pfeffern. Zuletzt den klein geschnittenen Basilikum einstreuen.

TIPP

Dazu passen Gabelspaghetti und Blattsalate!

Schweinelende im Blätterteig

Zeitaufwand: 40 Min. + 40 Min. Garzeit

Pro Portion: 691 kcal/2890 kj · Eiweiß 46,0 g · Fett 47 g · Kohlenhydrate 23 g

Für 4 Personen

- 300 g Champignons, braun
- 100 g Kochschinken
- 2 Schalotten
- 2 Knoblauchzehen
- 50 g Butter
- 1-2 EL Petersilie, gehackt
- 1 EL Zitronensaft
- Salz, Pfeffer aus der Mühle
- Chili nach Geschmack
- 1 mittelgr. Schweinelende
- 2 EL Rapsöl
- 275 g Blätterteigplatte, frisch aus dem Kühlregal
- 1 Ei

1. Für die Duxelles-Masse (Champignonpüree) die Pilze putzen und klein hacken bzw. in der Küchenmaschine fein zerkleinern. Schinken in feine Würfel schneiden. Schalotten schälen und fein würfeln. Knoblauch schälen und pressen. Die Butter in der Pfanne heiß werden lassen und Champignons, Schinken, Schalotten und Knoblauch dünsten, bis die Flüssigkeit verdampft ist. Kräftig abschmecken mit Salz, Pfeffer, Chili und Zitronensaft. Zuletzt die gehackte Petersilie unterrühren und abkühlen lassen.
2. Die Schweinelende putzen bzw. Sehnen entfernen. Falls sie sehr lang ist, auf die Größe der Blätterteigplatte schneiden. Die Platte sollte auf beiden Seiten noch ca. 5 cm größer als die Lende sein. Schweinelende mit Salz und Pfeffer würzen und in dem heißen Öl in einer Pfanne von allen Seiten gut anbraten, herausnehmen.
3. Die Blätterteigplatte auf Backpapier ausbreiten. Auf der Mitte einen 5 cm breiten Streifen der Duxelles-Masse verteilen. Die Lende darauf legen und die restliche Duxelles-Masse auf der Lende verteilen. Das Ei verquirlen. Mit einem Pinsel die äußeren Kanten der Blätterteigplatte mit Ei bestreichen. Vorsichtig die eine Teigseite über die Lende legen und die gegenüberliegende Seite über die erste Seite legen. Leicht festdrücken, die Enden auch leicht festdrücken. Die Rolle nun mit Ei bestreichen und im heißen Ofen bei 175 °C 30-40 Min. backen. Nach dem Backen kurz ruhen lassen und Scheiben aufschneiden.

TIPP

Dazu passen Kartoffelrösti.

Gratinierte Pilz-Pfannkuchen

Zeitaufwand: 60 Min. + 10 - 15 Min. Garzeit

Pro Portion: 902 kcal/3774 kj • Eiweiß 44,4 g • Fett 67 g • Kohlenhydrate 31 g

Für 2 Personen

- 130 g Mehl
- 300 ml Milch
- Salz, Muskatnuss
- 3 Eier
- 400 g Champignons
- 1-2 Zwiebeln
- 1 Knoblauchzehe
- 6 EL Olivenöl
- 300 g Rinderhackfleisch
- 200 g Crème fraîche
- 200 g geriebener Gratinkäse
- 1 EL Petersilie, gehackt
- 1 EL Butter zum Ausfetten der Form
- Salz, Pfeffer aus der Mühle, Cumin, Koriander

1. Mehl, Milch, ½ TL Salz, etwas Muskatnuss verquirlen. Die Eier unterrühren und den Teig ca. 30 Min. quellen lassen.
2. Inzwischen die Champignons putzen und in kleine Würfel schneiden. Die Zwiebel pellen und fein würfeln. Eine Pfanne mit 2 EL Olivenöl erhitzen und die Pilze mit der Hälfte der Zwiebelwürfel kräftig anbraten bis die Flüssigkeit verdampft ist. Mit Salz und Pfeffer würzen, Petersilie einstreuen und aus der Pfanne herausnehmen. Die Pfanne säubern.
3. In weiteren 2 EL Olivenöl das Hackfleisch mit den restlichen Zwiebelwürfeln und zerdrückten Knoblauch krümelig anbraten. Mit Salz, Pfeffer, Cumin und Koriander kräftig abschmecken.
4. Crème fraîche und ¼ Gratinkäse unterheben, herausnehmen und die Pfanne wieder säubern.
5. Im restlichen Öl nacheinander 4 dünne helle Pfannkuchen backen. Hackfleischmischung und die Pilze vermengen und jeweils ¼ der Füllung auf einen Pfannkuchen geben, aufrollen. Mit der Nahtstelle nach unten nebeneinander in eine gefettete Auflaufform legen. Restlichen Gratinkäse darüber streuen. Im heißen Ofen bei 180 °C auf der mittleren Schiene ca. 10-15 Min. goldgelb überbacken.

TIPP

Dazu passen Blattsalate.
Vegetarier können das Hackfleisch gegen Gemüse der Saison austauschen. Zum Beispiel Brokkoli und Blumenkohl, diese sollten zuerst in etwas Salzwasser bissfest gegart und dann unter die Champignons gehoben werden.

Quiche mit Pilzen

Zeitaufwand: 10 Min. + 15 Min. Garzeit

Pro Portion: 643 kcal/2691 kj • Eiweiß 24,6 g • Fett 48 g • Kohlenhydrate 28 g

Für 4 Personen

- 275 g frischer Blätterteig
- 200 g Austernpilze
- 500 g Champignons
- 2 Stangen Lauch, mittelgroß
- 2 EL Butter
- 1 große Knoblauchzehe
- 1 Prise Chili
- 1 TL Thymian
- 250 g saure Sahne
- 3 Eier, Größe M
- 50 g Edamer, gerieben
- 25 g Schinkenspeckwürfel
- 1 Prise Muskat
- Salz und Pfeffer
- Fett und Mehl für die Form

1. Den Blätterteig ausrollen und in die gefettete und bemehlte Form geben. Dabei einen ca. 3 cm hohen Rand formen.
2. Den Lauch waschen, putzen und in feine Streifen schneiden. Unterdessen die Butter in einer großen Pfanne erhitzen und die Lauchstreifen mit den Schinkenspeckwürfel anschließend darin 5 Min. dünsten.
3. Die Champignons und Austernpilze putzen und in Scheiben bzw. feine Streifen schneiden. Die Pilze zu dem Lauch in die Pfanne geben und den geschälten Knoblauch darüber pressen. Mit Salz, Pfeffer, Chili und Thymian kräftig würzen. Die Pilze dünsten, bis die Flüssigkeit fast verdampft ist, vom Herd nehmen und etwas abkühlen lassen.
4. Den Backofen auf 200 °C (Umluft 180 °C) vorheizen.
5. Die Pilzmischung auf dem Teig verteilen und den geriebenen Käse darüber streuen. Die saure Sahne mit den Eiern verrühren, mit Salz, Pfeffer und Muskat kräftig würzen und über die Pilze geben. Im Backofen ca. 40 Min. backen.

TIPP

Man kann an Pilzen auch nur Champignons nehmen und den Schinkenspeck weglassen (vegetarische Variante). Dazu passt ein Blattsalat.

Rindfleisch-Pfanne - süß-sauer

Zeitaufwand: 15 Min. + 15 Min. Garzeit

Pro Portion: 479 kcal/2010 kj • Eiweiß 42,0 g • Fett 21 g • Kohlenhydrate 31 g

Für 2 Personen

- 300 g Rindfleisch am Stück, vom Rücken
- 2 EL Sojasauce
- Pfeffer aus der Mühle
- 2 EL Sesam- oder Rapsöl
- 1 kleine Lauchstange oder Frühlingslauch
- 1 rote Zwiebel
- 1 Knoblauchzehe
- 1 kleines Stück Ingwer
- 250 g Austernpilze oder Champignons
- 125 ml Wasser oder Ananassaft
- 2 EL Reisessig
- 2-3 EL Honig
- Salz
- roter und grüner Curry, Cumin, Koriander
- 1 EL Speisestärke, in etwas Wasser anrühren
- 1 EL Sesamsamen

1. Rindfleisch in Streifen schneiden. Mit der Sojasauce und Pfeffer vermischen und mindestens 2 Stunden marinieren.
2. Die Lauchstange putzen und in Streifen schneiden. Zwiebel schälen und in Streifen schneiden. Den Knoblauch zerdrücken und den Ingwer in sehr kleine Stücke schneiden. Die Pilze putzen und klein schneiden.
3. Das Fleisch im Öl scharf anbraten. Lauch, Zwiebeln, Knoblauch, Ingwer und die Pilze zufügen, kurz mitbraten und mit den Gewürzen abwürzen. Die Flüssigkeit auffüllen, Honig und Reisessig dazugeben. Aufkochen lassen und bei Bedarf mit der angerührten Stärke abbinden.
4. Sesam in einer trockenen Pfanne rösten. Nach Geschmack in die Rindfleischpfanne einstreuen. Dazu passt Basmati-Wild-Reis.

Pilz-Hacksteaks

Zeitaufwand: 15 Min. + 45 Min. Garzeit

Pro Portion: 362 kcal/1516 kj · Eiweiß 24,7 g · Fett 26 g · Kohlenhydrate 7 g

Für 2 Personen

- 400 g Hackfleisch, gemischt
- 200 g Champignons
- 20 g Butter
- 1 EL Petersilie
- 8-10 Stück Pfefferkörner, grün, zerkleinert
- 1 kleine Zwiebel, gewürfelt
- 1 kleine Knoblauchzehe, zerdrückt
- Salz, Pfeffer aus der Mühle
- 1 gestrichener EL Paprika, mild
- 1 Ei
- 1 EL Mehl
- 1 EL Paniermehl
- 50 ml Sahne
- Rapsöl zum Ausbraten

1. Die Champignons putzen und klein hacken. Butter in einer Pfanne erhitzen. Zwiebeln, Knoblauch, Pfefferkörner und Champignons darin dünsten, würzen und auskühlen lassen.
2. In einer Schüssel das Hackfleisch mit Ei, Mehl, Paniermehl, Sahne, Petersilie, Paprika, Salz und Pfeffer vermischen. Zuletzt die Champignonmasse zugeben, verkneten und evtl. nochmals abschmecken.
3. Mit feuchten Händen Hacksteaks formen und im Rapsöl bei mittlerer Hitze 10-15 Minuten ausbraten.

TIPP

Dazu passt eine Champignonrahmsauce:
50 g Champignons, in Scheiben; 20 g Schinkenspeck, gewürfelt; 10 g Zwiebelwürfel in einem Topf mit 1 EL Öl anbraten und mit 200 ml Sahne auffüllen. Mit Salz und Pfeffer abschmecken und mit 1 TL dunklem Saucenbinder abbinden.

Sahne-Champignons mit Schupfnudeln

Zeitaufwand: 40 Min. + 20 Min. Garzeit

Pro Portion: 603 kcal/2529 kj · Eiweiß 22,4 g · Fett 31 g · Kohlenhydrate 58 g

Für 2 Personen

Für die Schupfnudeln

- 400 g Kartoffeln
- 60 g Mehl + zusätzliches Mehl zum Ausrollen
- 1 Ei
- 1 Prise Muskatnuss
- Salz, Pfeffer aus der Mühle
- 25 g Butter oder Butterschmalz

Für die Sahnechampignons

- 250 g gemischte Pilze (Champignons und Austernpilze)
- 50 g magere Speckwürfel
- 1 Zwiebel
- 70 ml Sahne
- 1 EL gehackte Petersilie
- 1 Knoblauchzehe, zerdrückt
- 10 g Butter
- Salz, Pfeffer aus der Mühle

1. Kartoffeln waschen und in Salzwasser gar kochen. Am besten suchen Sie einheitlich große Knollen heraus, sodass sie alle zum gleichen Zeitpunkt weich werden. Kartoffeln pellen und abkühlen lassen. Die Kartoffeln durch die Presse drücken und 60g Mehl, Ei, Muskatnuss, Salz und Pfeffer dazugeben und rasch zu einem gleichmäßigen Teig kneten. Falls er noch zu klebrig sein sollte, etwas Mehl einarbeiten.
2. Auf einer bemehlten Fläche den Teig zu Rollen mit 2 cm Ø formen und in ca. 1 cm dicke Stücke schneiden. Diese in den Handflächen oder auf der Arbeitsplatte zu kleinen Würsten formen, die spitz zulaufen. Anschließend auf einem bemehlten Brett nebeneinander legen.
3. Reichlich Salzwasser zum Kochen bringen. Die Schupfnudeln nacheinander in das leicht siedende Wasser gleiten lassen, ca. 3 Min. ziehen lassen. Wenn sie oben schwimmen, sind sie gar. Mit einem Sieblöffel herausnehmen und im Sieb abtropfen lassen. In 25 g Butter knusprig anbraten.
4. Die Pilze putzen und in Scheiben schneiden. Die Zwiebel schälen und in Würfel schneiden. 10 g Butter in einer Pfanne zum Schmelzen bringen und Speck und Zwiebeln darin anbraten. Die Pilze hinzufügen, mit Salz, Pfeffer und Knoblauch abschmecken und 3-5 Min. braten lassen. Dann die Sahne hinein geben, etwas reduzieren lassen und mit Petersilie abrunden. Die Schupfnudeln mit den Sahnechampignons auf einem tiefen Teller anrichten.

Pizza Funghi

Zeitaufwand: 40 Min. + 20 Min. Garzeit

Pro Portion: 869 kcal/3641 kj • Eiweiß 36,8 g • Fett 37 g • Kohlenhydrate 97 g

Für 4 Personen

Für den Teig

- 500 g Mehl
- 1 Prise Zucker
- 1 TL Salz
- 250 – 300 ml lauwarmes Wasser
- 5 EL Olivenöl
- 1 Würfel Hefe

Für den Belag

- 400 g Champignons
- 1 EL Olivenöl
- Salz, Pfeffer aus der Mühle
- 1 Dose Tomaten, gehackt
- 1 Zwiebel, gewürfelt
- 2 Knoblauchzehen, fein zerkleinert
- 1 EL Olivenöl
- 8 Basilikumblätter
- 100 g Schinkenstreifen
- 300 g Mozzarella
- Oregano, Majoran

1. Mehl und Salz in einer Schüssel vermischen, eine Mulde in der Mitte herstellen.
2. Die Hefe hineinbröseln. Wasser, Olivenöl und Zucker in die Mulde dazugeben. Mit den Knethaken zuerst die Hefe rührend auflösen und anschließend das Mehl unterkneten. Der Teig sollte geschmeidig sein und sich vom Schüsselboden lösen (nicht mehr kleben).
3. An einem warmen Ort 30 Min. abgedeckt gehen lassen.
4. In der Zwischenzeit die Champignons putzen, in Scheiben schneiden, in heißem Olivenöl ca. 3 Minuten dünsten und mit Salz und Pfeffer abschmecken.
5. Die Zwiebelwürfel mit Knoblauch in Olivenöl dünsten, die Tomaten dazu geben, kräftig abschmecken und den Basilikum beifügen.
6. Den Mozzarella in Würfel schneiden.
7. Den Teig ausrollen (Pizzabackformen oder Backblech), mit der Tomatenmasse bestreichen und mit Champignons, Schinken, Kräuter und Mozzarella belegen. Evtl. noch nachwürzen und mit Olivenöl beträufeln.
8. Im vorgeheizten Ofen bei 240 °C ca. 20 Min. backen.

Vogelsberger Pilzpfanne

Zeitaufwand: 45 Min. + 30 Min. Garzeit

Pro Portion: 379 kcal/1591 kj · Eiweiß 14,9 g · Fett 16 g · Kohlenhydrate 41 g

Für 4 Personen

- 1 kg neue Kartoffeln, vorwiegend festkochend
- 300 g Steinpilz-Champignons
- 1 rote Zwiebel
- 1 Knoblauchzehe
- 50 g Katenschinkenwürfel
- 50 g saure Gurken
- 3 EL Olivenöl
- 50 ml Sahne
- 50 g geriebener Käse
- 1 EL Petersilie, gehackt
- 1 EL Schnittlauch, geschnitten
- ½ TL Rosmarin, gehackt
- Salz, Pfeffer, roter Curry nach Geschmack

1. Die Kartoffeln waschen und schälen, anschließend in 3-5 cm dicke Scheiben schneiden. Olivenöl in einer großen Pfanne erhitzen und die Kartoffelscheiben hineingeben. Bei mittlerer Hitze und geschlossenem Deckel etwa 20-25 Min. braten lassen. Währenddessen kräftig würzen und öfters wenden.
2. In der Zwischenzeit die Steinpilz-Champignons putzen und in Scheiben schneiden. Die Zwiebel in Scheiben schneiden und den Knoblauch durch die Knoblauchpresse drücken. Die sauren Gurken in feine Streifen schneiden.
3. Wenn die Kartoffeln noch ein wenig Biss haben, die Zwiebeln, den Knoblauch und den Katenschinken zufügen und kurz mitbraten. Dann die Pilzscheiben und den Rosmarin hineingeben und 5 Min. mitgaren. Nochmals gut abschmecken. Nun die Sahne einfließen lassen und den geriebenen Käse darauf verteilen. Den Deckel schließen. Die Hitze zurücknehmen und 2 Min. den Käse schmelzen lassen. Zuletzt die gehackten Kräuter darüber streuen.

TIPP

Dazu passt sehr gut ein frischer Blattsalat. Als vegetarische Variante den Schinken einfach weglassen. Anstatt rohen können auch gekochte Kartoffeln verwendet werden.

Fischragout mit Pilzen

Zeitaufwand: 25 Min. – 10 Min. Garzeit

Pro Portion: 376 kcal/1578 kj • Eiweiß 31,1 g • Fett 23 g • Kohlenhydrate 6 g

Für 2 Personen

- 250 g Fischfilet, z. B. Kabeljau, Seelachs
- 1 EL Zitronensaft
- 1 Zwiebel
- 1 Knoblauch
- 200 g gemischte Pilze (z. B. Champignons, Austernpilze)
- 2 EL Distel- oder Rapsöl
- 50 ml Weißwein
- 200 ml Fischfond
- 1 TL heller Soßenbinder
- 1 TL Sojasauce
- 8 Cocktailtomaten
- 2 EL Crème fraîche
- Salz, Pfeffer, Paprikapulver, Currypulver, Chilipulver
- 1 EL geschnittener Dill, Zitronenmelisse

1. Das Fischfilet säubern, mit Zitronensaft beträufeln und 10-15 Min. stehen lassen. Anschließend in Würfel schneiden und salzen und pfeffern.
2. Die gemischten Pilze putzen und ebenfalls in Würfel schneiden. Die Cocktailtomaten waschen. Die Zwiebel und den Knoblauch schälen und fein würfeln.
3. Öl in einer Pfanne erhitzen und die Zwiebeln anbraten. Die Pilze hinzufügen und etwa 5 Min. mitbraten. Mit Knoblauch und den Gewürzen abschmecken. Mit Weißwein ablöschen und mit Fischfond auffüllen.
4. Die Crème fraîche unterrühren und mit dem Soßenbinder abbinden. Jetzt erst den Fisch hineingeben und 2-3 Min. darin ziehen lassen. Die Cocktailtomaten zufügen und ebenso nur kurz garen (Fisch und Tomaten zerfallen schnell). Mit Sojasauce abschmecken und die Kräuter kurz vor dem Servieren einstreuen, jetzt nicht mehr kochen lassen.

TIPP

Dazu passen Bandnudeln, Reis oder Kartoffeln.

Rinderragout mit Champignons

Zeitaufwand: 20 Min. + 90 Min. Garzeit

Pro Portion: 364 kcal/1523 kj • Eiweiß 40,2 g • Fett 16 g • Kohlenhydrate 8 g

Für 4 Personen

- 600 g Rindfleisch, z. B. aus der Hüfte
- 50 g Räucherspeck, durchwachsen und gewürfelt
- 2 kleine Zwiebeln
- 2 Knoblauchzehen
- 500 g Champignons, braun
- 1 EL Tomatenmark
- Salz, Pfeffer aus der Mühle
- Paprikapulver edelsüß
- Chili nach Geschmack
- 2 EL Rapsöl
- 1 Lorbeerblatt
- 1 TL Thymianblättchen
- 20 g Mehl
- 200 ml Rotwein
- 400 ml Gemüse- oder Fleischbrühe
- 2 EL Crème fraîche

1. Fleisch in größere Würfel schneiden und mit Salz und Pfeffer würzen. Zwiebel und Knoblauch schälen und grob würfeln. Champignons putzen und vierteln.
2. 2 EL Rapsöl in einem größeren Topf erhitzen. Das Rindfleisch von allen Seiten anbraten. Speck, Zwiebeln und Knoblauch zugeben und mitbraten bis alles gebräunt ist. Tomatenmark hinein geben, mit der Hälfte des Rotweins ablöschen. Nach dem Verdunsten Paprikapulver und Mehl einstreuen und anschwitzen. Restlichen Rotwein und Brühe auffüllen. Lorbeerblatt und Thymian dazu geben. Bei kleiner Hitze und gelegentlichem Umrühren ca. 90 Min. garen.
3. Kurz vor Ende der Garzeit das Lorbeerblatt entfernen. Die Pilze zugeben und 5 Min. mitgaren. Mit Crème fraîche verfeinern und nochmals mit den Gewürzen abschmecken.

TIPP

Dazu passen Nudeln, Spätzle, Kartoffel- oder Semmelknödel.

Champignon-Huhn-Curry in Kokosmilch

Zeitaufwand: 30 Min. + 20 Min. Garzeit

Pro Portion: 289 kcal/1210 kj • Eiweiß 29,7 g • Fett 16 g • Kohlenhydrate 6 g

Für 4 Personen

- 400 g Hähnchenbrust
- 2 EL Sojasoße
- 4 EL Sesamöl
- ½ TL Sambal Oelek
- 1-2 EL grüne oder rote Currypaste
- 2 Karotten
- 250 g Brokkoli (TK oder frisch)
- 250 g Champignons
- 1 Zwiebel
- 1 Knoblauchzehe
- 1 Dose Kokosmilch
- Salz, Pfeffer, Chili
- 1-2 TL Cumin
- ½ TL Koriander, Curcuma, Grünes Currypulver
- Basilikum nach Geschmack

1. Hähnchenbrust waschen, trockentupfen und in feine Streifen schneiden und mit der Sojasoße, 2 EL Öl und der Currypaste vermischen und ziehen lassen.
2. In der Zwischenzeit die Zwiebel putzen und in Streifen schneiden. Den Knoblauch schälen und pressen. Die Karotten schälen und in Streifen schneiden. Frischen Brokkoli putzen und kurz blanchieren oder TK-Brokkoli nehmen. Die Champignons putzen und vierteln.
3. In einer Wokpfanne 2 EL Sesamöl erhitzen und das Fleisch mit der Marinade kurz anbraten. Das vorbereitete Gemüse zugeben und mitbraten. Die Currypaste zufügen, mit Kokosmilch ablöschen und mit den restlichen Gewürzen abschmecken. Weitere 10-15 Min. leicht köcheln lassen. Das Gemüse sollte noch Biss haben.

TIPP

Kokosmilch gibt es auch ohne Emulgatoren und Bindemittel. Evtl. noch mit Zitronengras abschmecken.
Sehr gut passt Jasminreis dazu.

Gebratene Mie-Nudeln mit Hähnchen und Pilzen

Zeitaufwand: 30 Min.
+ 60 Min. Marinieren
+ 15 Min. Garzeit

Pro Portion: 536 kcal/2243 kj • Eiweiß 29,9 g • Fett 23,3 g • Kohlenhydrate 51,5 g

Für 4 Personen

- 300 g Pilze (Champignons, Austernpilze)
- 300 g Hähnchenbrust
- 3 EL Bambussprossen
- 50 g Erbsen, TK
- 1 Paprika, rot, 1 Karotte
- 1-2 Zwiebeln
- 1 Knoblauchzehe
- 1 Stück Ingwer, kirschgroß
- 1 Ei
- 2 TL Curry-Paste, rot
- 1 TL Calypso-Tropical-Curry
- 4 EL Sesamöl
- 3 TL Sojasauce
- 1-2 EL Fischsauce
- Salz, Pfeffer, Chili, Gemüsebrühe nach Geschmack
- 250 g Mie-Nudeln

1. Die Hähnchenbrust waschen, trockentupfen und in Streifen schneiden. Das Fleisch mit Salz, Pfeffer, Chili, 1 TL Currypaste, 2 TL Sojasauce, Currypulver, gehacktem Ingwer, zerdrücktem Knoblauch und der Fischsauce ca. 1 Stunde marinieren.
2. Die Pilze putzen und in grobe Stücke schneiden. Die Zwiebel schälen und in Streifen schneiden, die Paprika und Karotten in Rauten schneiden.
3. 2 EL Öl in einer großen Pfanne erhitzen und darin zuerst das Fleisch anbraten, dann Zwiebel und Karotten dazugeben. 2 Min. weiterbraten. Nun Paprika, Erbsen und Pilze dazu, 5 Min. braten und abschmecken. Zuletzt die Bambusstreifen hineingeben. Pfanne vom Herd nehmen.
4. In einer weiteren großen Pfanne 2 EL Öl erhitzen und die ge-garten Mie-Nudeln anbraten. Nach 2 Min. die fertige Pilz-pfanne und das verquirlte Ei dazugeben und untermischen.

TIPP

Dazu passt ein Gurkensalat. Als vegetarische Variante einfach das Fleisch und die Fischsauce weglassen und dafür etwas mehr Pilze nehmen.

Saltimbocca vom Schwein mit Pilzragout

Zeitaufwand: 30 Min. + 10 Min. Garzeit

Pro Portion: 779 kcal/3259 kj • Eiweiß 58,6 g • Fett 57 g • Kohlenhydrate 5 g

Für 2 Personen

- 500 g Champignons (oder je 250 g Champignons und Austernpilze)
- 1 kleine Knoblauchzehe
- 1 kleine Schalotte
- 1 EL gehackte Petersilie
- Salz, Pfeffer aus der Mühle
- Chilipulver
- 4 Scheiben Schweinerücken (je ca. 80-90 g)
- 2 Scheiben Parmaschinken
- 4 frische Salbeiblätter
- 6 EL Olivenöl
- 50 ml trockener Weißwein
- 100 ml Sahne

1. Die Pilze putzen und in Scheiben schneiden oder vierteln. Knoblauch und Schalotte schälen und in feine Würfel schneiden.
2. Die Schweinerückenscheiben unter einem Gefrierbeutel plattieren. Auf der oberen Seite nur pfeffern und mit einer halben Scheibe Parmaschinken und einem Salbeiblatt belegen. Die Fleischscheiben zusammenklappen und mit Zahnstocher feststecken. Die Fleischtaschen von beiden Seiten salzen und pfeffern.
3. In einer Pfanne 3 EL Olivenöl erhitzen. Das Fleisch von beiden Seiten kräftig anbraten und herausnehmen. 3 EL Olivenöl in die Pfanne geben. Pilze, Knoblauch- und Schalottenwürfel im heißen Öl etwa 3-5 Min. anbraten. Mit Salz, Pfeffer und Chili abschmecken und mit Weißwein ablöschen. Die Sahne dazugeben und aufkochen lassen. Die Fleischstücke hineinlegen und kurz darin ziehen lassen. Mit Petersilie bestreuen und servieren.

TIPP

Dazu passen Röstkartoffeln (neue kleine Kartoffeln in der Schale kochen, in Olivenöl anbraten und salzen).

Gefüllte Hähnchenbrust

Zeitaufwand: 30 Min + 20 - 30 Min.

Pro Portion: 426 kcal/1783 kj · Eiweiß 41,8 g · Fett 28 g · Kohlenhydrate 3 g

Für 4 Personen

- 600 g Hähnchenbrust (2 große oder 4 kleine Hähnchenbrüste)
- 300 g Champignons
- 2 EL Olivenöl
- 1 Zwiebel
- 1 Knoblauchzehe
- 15 g getrocknete Tomaten
- 50 g Mascarpone
- 100 g Bacon oder anderen rohen Schinken
- 1 TL geschnittenen, frischen Basilikum
- 1 TL gehackte frische Petersilie
- Salz, Pfeffer, Chili

1. Die Champignons putzen und klein hacken. Die Zwiebel und den Knoblauch schälen und fein würfeln.
2. Die getrockneten Tomaten in kleine Würfel schneiden. In einer Pfanne das Olivenöl erhitzen und die gehackten Champignons mit den Zwiebel-, Tomaten- und Knoblauchwürfeln etwa 5 Min. anschwitzen bis die Flüssigkeit verdampft ist. Zuletzt das Basilikum und die Petersilie zugeben und mit den Gewürzen kräftig abschmecken. Aus der Pfanne nehmen, abkühlen lassen und jetzt erst den Mascarpone unterheben.
3. Die Hähnchenbrüste abwaschen, trockentupfen und eventuelle Sehnen entfernen. Von einer Seite mit einem scharfen Messer eine Tasche einschneiden und die abgekühlte Füllung hineingeben. Die Außenseite der Hähnchenbrüste mit Salz und Pfeffer würzen. Jetzt den Bacon oder Schinken lückenlos nebeneinander ausbreiten. Die gefüllte Hähnchenbrust darauflegen und von einer Seite her einschlagen, bis sie ganz eingewickelt ist.
4. Die Hähnchenbrüste auf dem Grill oder in der Pfanne bei niedriger Hitze etwa 20 Min. garen, je nach Dicke evtl. auch länger. Dabei öfters wenden. Herausnehmen und schräg aufschneiden.

TIPP

Sehr gut passen dazu Tomatensauce und italienische Nudeln.

Champignon-Käse-Trio

Zeitaufwand: 30 Min. + 30 Min. Garzeit

Pro Portion: 966 kcal/4043 kj • Eiweiß 30,6 g • Fett 76 g • Kohlenhydrate 41 g

Für 2-3 Personen

Für den Nudelsalat:

- 150 g bunte Spaghetti
- 20 g getrocknete Tomaten
- 100 g Champignons
- 1 kleine Zwiebel
- 1 Knoblauchzehe
- 4 EL Olivenöl
- 1 EL Balsamico-Essig
- Nach Geschmack frischer Basilikum, frischer Oregano, roter Curry, Pfeffer, Salz
- 400 g Champignons, große Köpfe
- 150 Käse (Feta, Gouda, Mozzarella jeweils 50 g)
- 200 g Bacon in Scheiben
- 2 EL Olivenöl
- 1 gepresste Knoblauchzehe
- Salz, Pfeffer, roter Curry

TIPP

Falls Käse übrig bleibt, kann dieser klein geschnitten unter den Nudelsalat gegeben werden.

1. Zu Beginn wird der Nudelsalat zubereitet. Hierfür die Nudeln in reichlich siedendem Salzwasser ca. 10 Min. garen, abschütten und abkühlen lassen. Getrocknete Tomaten in feine Würfel schneiden, Zwiebel würfeln und Knoblauch schälen und in feine Scheiben schneiden. Champignons putzen und würfeln.
2. Eventuelle Bacon-Reste werden in Würfel geschnitten. In einer Pfanne Olivenöl erhitzen und zuerst die Zwiebelwürfel, dann die Baconwürfel, Champignonwürfel, Knoblauch, Salz und Pfeffer zugeben und ca. 5 Minuten braten. Die Pilzmischung abkühlen lassen. Alle Zutaten zu den Nudeln geben, 4 EL Olivenöl, Balsamico-Essig, geschnittener Basilikum, Oregano und Gewürze beifügen, alles gut vermischen und zur Seite stellen.
3. Die großen Champignonköpfe putzen und den Stiel herausdrehen, mit der offenen Seite nach oben auf einen Teller legen. Aus dem Olivenöl, Knoblauch und Gewürzen eine Marinade herstellen. Die drei Käsesorten jeweils in kleine Würfel schneiden. Die Champignons mit den Käsewürfeln füllen, nach Käsesorten getrennt oder gemischt ganz nach Geschmack. Über die Käsefüllungen jeweils einen Teelöffel der Marinade geben. Jeder Champignon wird nun mit zwei Baconscheiben umwickelt. Gefüllte Champignons werden auf dem Grill oder in der Pfanne mit etwas Öl ca. 20 Min. gegart. Die fertigen Pilze mit dem Nudelsalat auf einem Teller anrichten.

Roulade vom Schwein mit Pilzfüllung

Zeitaufwand: 40 Min + 70 Min. Garzeit

Pro Portion: 562 kcal/2353 kj • Eiweiß 14,6 g • Fett 46 g • Kohlenhydrate 16 g

Für 4 Personen

- 4 Schweinerouladen
- 50 g Frühstücksspeck (Bacon)
- 2 EL Öl • 1 Zwiebel
- 300 g Champignons und Austernpilze
- 150 g Feta-Käse
- 1 Knoblauchzehe
- 1 Ei
- 1-2 EL Semmelbrösel
- 1 EL Petersilie, gehackt
- 4 Blätter Basilikum
- Salz, Pfeffer, Chili
- 4 EL BBQ-Sauce
- 2-3 EL Öl

Für die Soße:

- 1 Zwiebel • 1-2 Karotten
- 1 TL Tomatenmark
- 150 ml Bier oder Weißwein
- 400 ml Gemüse- oder Fleischbrühe
- 100 g Crème fraîche
- Soßenbinder nach Bedarf

1. Die Pilze putzen und ebenso wie die Zwiebel fein würfeln. Beides in 2 EL heißem Öl anbraten und kräftig würzen. Knoblauch pressen und dazugeben. Etwa 5 Min. weiterbraten bis die Flüssigkeit verdampft ist. Abkühlen lassen.
   Die Pilzmischung mit dem Ei, gehackter Petersilie, gewürfeltem Feta und einem oder zwei EL Semmelbrösel vermischen und kräftig würzen
2. Die Rouladen flach klopfen und von beiden Seiten würzen, jeweils mit einem TL BBQ-Sauce bestreichen, mit zwei Speckstreifen, einem Blatt Basilikum belegen und 1-2 EL der Pilzmasse bestreichen, aufrollen und mit Zahnstochern feststecken. In heißem Öl von allen Seiten anbraten, herausnehmen.
3. Für die Soße im gleichen Topf die grob gewürfelte Zwiebel und Möhren in Öl scharf anbraten, Tomatenmark zugeben und weiterbraten. Mit dem Bier oder Weißwein ablöschen, reduzieren lassen und ein zweites Mal ablöschen. Restliche Flüssigkeiten hineingeben und aufkochen. In diesem Soßenansatz die Rouladen 70 Min. schmoren. Rouladen nach der Garzeit herausnehmen und Soße pürieren, mit Crème fraîche verfeinern, evtl. noch abbinden und mit den Rouladen servieren.

TIPP

Dazu passen Spätzle oder Knödel, Salat oder Gemüse.

Rinder-Curry mit Champignons

Zeitaufwand: 45 Min. + 20 Min. + 15 Min. Garzeit

Pro Portion: 644 kcal/2698 kj · Eiweiß 35,9 g · Fett 35 g · Kohlenhydrate 46 g

Für 4 Personen

- 500 g Hackfleisch vom Rind
- je 1 Knoblauchzehe u. Zwiebel
- 1 Ei
- Salz, Pfeffer, Paprikapulver „scharf"
- 1 Msp. Schwarzkümmel
- 1 TL gelber Curry, z. B. Herbaria „Farben von Jaipur"
- 1 TL Tomatenmark, 2 EL Öl

Für die Sauce:

- 2 TL grüne Currypaste
- 1 Zwiebel, gewürfelt
- 250 g Champignons
- 1 Spitzpaprika, rot
- 400 ml Kokosmilch
- 1 TL grüner Curry, z. B. Herbaria „Mild Wild Green"
- Salz, Pfeffer,
- evtl. Gemüsebrühepulver
- 2 Frühlingszwiebeln
- evtl. heller Soßenbinder

Für den Reis:

- 200 g Langkornreis
- 2 EL Öl
- 1 kleine Zwiebel
- ¼ TL Curcuma
- Salz
- 50 g Erbsen, TK

1. Für den Reis die Zwiebel fein würfeln und in einem Topf in heißem Öl anschwitzen. Curcuma einstreuen und mitschwitzen. Jetzt den Reis hineingeben, umrühren und mit 450 ml Wasser auffüllen. Salz zufügen und bei niedriger Hitze 20 Min. garen. Nach der Hälfte der Garzeit die Erbsen mitgaren. Nach der Garzeit warmstellen.
2. Zwiebel und Knoblauch schälen, fein würfeln und zusammen mit Hackfleisch, Knoblauch, Zwiebelwürfel, Ei, Salz, Pfeffer, Paprikapulver, Schwarzkümmel, gelber Curry und Tomatenmark gut verkneten. Mit den Händen eine Rolle formen und ca. 1 cm große Stücke abschneiden, nur grob formen. Die Hackfleischstücke im heißen Öl etwa 5-10 Min. anbraten und heraus nehmen.
3. Für die Sauce in die gleiche Pfanne die Zwiebelwürfel geben und die grüne Currypaste einrühren. Die zuvor geputzten und geviertelten Champignons zufügen und weiterbraten. Spitzpaprika waschen, Kerngehäuse entfernen und in Ringe schneiden. Frühlings-zwiebel putzen und Ringe schneiden. Kokosmilch in die Pfanne geben, evtl. etwas abbinden. Mit Gewürzen abschmecken. Hackbällchen und Paprikaringe hineingeben und ca. 5 Min. köcheln lassen. Frühlingszwiebel-Ringe zufügen und mit dem fertigen Reis anrichten.

TIPP

Vegetarier können statt Fleisch einfach die doppelte Menge an Champignons nehmen.

Marinierte Bratkartoffeln mit Champignons

Zeitaufwand: 20 Min. + 20 Min. Garzeit

Pro Portion: 609 kcal/2552 kj • Eiweiß 16,0 g • Fett 47 g • Kohlenhydrate 30 g

Für 2 Personen

- 300 g festkochende, kleine Kartoffeln
- 3 EL Olivenöl zum Braten
- 1 Zwiebel
- 1 Knoblauchzehe
- 2 EL Aceto Balsamico
- Salz, Pfeffer aus der Mühle
- Chili nach Geschmack
- 4 EL Olivenöl
- 2 Zweige Thymian
- 200 g Champignons
- ½ kleine Stange Lauch
- 1 EL Olivenöl
- 40 g Rucola
- 40 g Parmaschinken
- 1 EL gehobelter Parmesan

1. Die Kartoffeln schälen, waschen, in 4 Millimeter dicke Scheiben schneiden und mit Küchenpapier gut trockentupfen. Olivenöl in einer Pfanne erhitzen und die Kartoffeln darin goldbraun anbraten. Die Zwiebel schälen und in Ringe schneiden, den Knoblauch in feine Scheiben schneiden und beides unter die Kartoffeln mischen. Alles bei mittlerer Temperatur weiterbraten und goldgelb werden lassen. Mit Salz, Pfeffer und Chili abschmecken. Aus der Pfanne nehmen und auf Küchenpapier abfetten.
2. Die Champignons putzen und in Scheiben schneiden. Lauch waschen und in Scheiben schneiden. Beides in 1 EL heißem Olivenöl anbraten, kurz Farbe nehmen lassen und mit Salz, Pfeffer und Chili würzen. Beiseite stellen.
3. Den Rucola waschen und gut abtropfen lassen.
4. Aceto Balsamico mit Salz und Pfeffer verrühren und 4 EL Olivenöl unterschlagen. Thymianblättchen in die Marinade geben. Die Bratkartoffeln in einer Schüssel mit der Marinade vorsichtig vermischen. Den Rucola dazugeben und unterheben.
5. Nun auf Tellern verteilen. Die Pilze zufügen, mit Parmaschinken und gehobeltem Parmesan garnieren. Sofort servieren.

TIPP

Mit frisch gebackenem Baguette servieren.

Pilz-Kürbis-Gemüse mit Schweinefilet

Zeitaufwand: 45 Min. + 25 Min. Garzeit

Pro Portion: 450 kcal/1698 kj • Eiweiß 31,5 g • Fett 20 g • Kohlenhydrate 24 g

Für 4 Personen

- 400 g kleine Kartoffeln
- Salz
- 1 Zwiebel
- 1 Knoblauchzehe
- 150 g Austernpilze
- 200 g braune Champignons
- 300 g Hokkaido-Kürbis
- 400 g Schweinefilet
- 100 g Kirschtomaten
- 6 EL Olivenöl
- 200 ml Geflügelfond
- 1-2 EL Balsamico-Essig
- Salz, Pfeffer, Chili
- 1 Prise Zucker
- 1 EL Petersilie, gehackt

1. Die Kartoffeln waschen und in der Schale ca. 20 Min. in Salzwasser kochen. Kartoffeln abgießen und noch warm pellen.
2. Zwiebel und Knoblauch schälen und fein würfeln. Die Pilze putzen und grob würfeln. Den Kürbis halbieren, entkernen, schälen und in 1 cm Würfel schneiden. Das Schweinefilet in 1 cm dicke Scheiben schneiden und würzen, die Tomaten waschen.
3. In einer Pfanne 2 EL Olivenöl erhitzen und die Kürbiswürfel bei starker Hitze 3 Min. scharf anbraten, mit Salz, Pfeffer und Zucker würzen. Geflügelfond und Essig zugeben und ca. 2 Min. bei milder Hitze garen und warm stellen.
4. In einer beschichteten Pfanne 1 EL Olivenöl erhitzen und die Filetscheiben bei starker Hitze ca. 1 Min. von beiden Seiten braten. Das Fleisch herausnehmen und beiseite stellen. Die Pfanne nach Bedarf ausspülen, wieder erhitzen und 1 EL Olivenöl hineingeben. Die Kartoffeln ebenso bei starker Hitze anbraten. Nach 4–5 Min. die Hälfte der Zwiebelwürfel und die Hälfte des Knoblauchs zufügen, 2 Min. weiterbraten und würzen. Herausnehmen und warm stellen.
5. Restliches Olivenöl in der sauberen Pfanne erhitzen, die Pilze hineingeben, restliche Zwiebel und Knoblauch dazu geben. Mit Salz, Pfeffer und Chili würzen. Ca. 2 Min. weitergaren. Kürbis, Fleisch und Tomaten zu den Pilzen geben und kurz mitgaren. Mit gehackter Petersilie bestreuen und mit den Bratkartöffelchen servieren.

TIPP

Dieses Menü ist sehr gut auch fleischlos zuzubereiten, da die Pilze einen hohen Eiweißanteil haben.

Maultaschen mit Pilzfüllung

Zeitaufwand: 45 Min. + 30 Min. ruhen + 15 Min. Garzeit

Pro Portion: 567 kcal/2376 kj · Eiweiß 22,1 g · Fett 23 g · Kohlenhydrate 67 g

Für 4 Personen

- 350 g Mehl
- 4 Eier
- Salz, Pfeffer, Muskatnuss, Chili
- 3 Zwiebeln
- 1 Knoblauchzehe
- 2 EL Olivenöl
- 300 g Pilze (Champignons oder Steinpilze)
- 50 g gekochter Schinken
- 50 g Butter
- 1 EL Schnittlauch, geschnitten
- 1-2 Stück Frühlingszwiebeln

1. Aus dem Mehl, 3 Eier, 1 TL Salz und 2-3 EL kaltem Wasser einen elastischen Nudelteig herstellen und ca. 30 Min. ruhen lassen.
2. In der Zwischenzeit Pilze putzen und fein hacken. Eine Zwiebel und Knoblauch schälen und fein würfeln. Schinken fein würfeln und Frühlingszwiebeln in feine Streifen schneiden.
3. In einer Pfanne Butter erhitzen und Zwiebelwürfel dünsten. Pilzwürfel hinzufügen, mit Gewürzen kräftig abschmecken und Knoblauch zugeben. Weiterdünsten bis die Flüssigkeit verdampft ist. Zuletzt Schinkenwürfel untermischen und alles aus der Pfanne nehmen. Ein Ei trennen und die Pilzmischung mit Eigelb vermengen. Evtl. mit etwas Paniermehl etwas abbinden und nochmals abschmecken.
4. Nudelteig in vier Portionen sehr dünn ausrollen. Die Füllung mit etwas Abstand esslöffelweise auf einer Platte verteilen. Teigzwischenräume mit Eiweiß bestreichen, zweite Teigplatte darauflegen und zwischen den Füllungen gut andrücken. Quadrate ausscheiden oder ausrädeln. Mit restlichem Teig ebenso verfahren. Die Maultaschen in Salzwasser 10-15 Min. siedend garen.
5. Die restlichen zwei Zwiebeln schälen und in Ringe schneiden, in der Butter goldgelb braten. Fertige Maultaschen mit der Zwiebelbutter, Schnittlauch und Frühlingszwiebelringen bestreut servieren.

Coq au Vin

Zeitaufwand: 40 Min. + 2 Std. marinieren
+ 60 Min. Garzeit

Pro Portion: 819 kcal/3429 kj · Eiweiß 40,9 g · Fett 54 g · Kohlenhydrate 18 g

Für 2 Personen

- 2 Hähnchenschenkel oder ein halbes Huhn
- 1/3 Flasche Rotwein
- 1 Stängel frischer Thymian
- 1 Lorbeerblatt
- Salz, Pfeffer aus der Mühle
- 60 g Speckwürfel
- 15 g Butter
- 8 Silberzwiebeln
- 100 g Champignons
- 1 EL Olivenöl
- 1,5 EL Mehl
- 250 ml Hühnerbouillon
- 30 ml Cognac
- 1 EL Tomatenmark
- 1 EL Petersilie, gehackt

1. Hähnchenschenkel in zwei Teile teilen, bzw. das halbe Huhn in mehrere Teile zerlegen. Aus dem Wein, Thymian und Lorbeerblatt eine Marinade rühren. Mit Salz und Pfeffer würzen und die Hähnchenschenkel bzw. Hühner-Teile dazugeben. Mindestens 2 Stunden marinieren, am besten über Nacht.
2. Die Champignons putzen und vierteln. Den Speck im Bratentopf mit Butter kurz ausgehen lassen, die Silberzwiebeln dazugeben und mitbraten. Die Champignons hinzufügen und 3-4 Min. garen lassen. Eventuell mit etwas Rotweinmarinade ablöschen. Mit Salz und Pfeffer abschmecken und aus dem Topf nehmen.
3. Das Huhn aus der Marinade nehmen, mit Küchenpapier trockentupfen und nochmals salzen und pfeffern. Die Marinade zur Seite stellen. Olivenöl im Bratentopf erhitzen und die Hähnchenteile gut anbraten und herausnehmen. Falls nötig Topf reinigen.
4. Im restlichen Olivenöl das Tomatenmark kurz rösten, mit dem Mehl bestäuben. Cognac hinzufügen und kurz verdampfen lassen. Die Hühnerbouillon zugießen. Die Marinade durch ein Sieb dazugeben. Die Hühnerteile hineinlegen und abgedeckt etwa 45-60 Min. bei kleiner Hitze garen lassen. Kurz vor dem Garende die angebratenen Speckchampignons hineingeben.

TIPP

Mit Salzkartoffeln und Petersilie auf dem Teller anrichten.

Gratiniertes Lammfilet mit Champignons

Zeitaufwand: 40 Min. + 40 Min. Garzeit

Pro Portion: 320 kcal/1341 kj · Eiweiß 33,8 g · Fett 17 g · Kohlenhydrate 8 g

Für 3-4 Personen

- 500 g Lammfilet
- Salz, Pfeffer aus der Mühle
- 1-2 EL Olivenöl
- 300 g Champignons
- 1 Knoblauchzehe
- 1 kleine Zwiebel
- 20 g Butter
- Rosmarin, Thymian
- Salz, Pfeffer, Chili
- 1 EL gehackte Petersilie
- 1 EL Rotwein
- 2 Eier
- 2 EL Paniermehl oder geriebenes Weißbrot

1. Das Lammfilet mit Salz und Pfeffer würzen. In einer Pfanne das Olivenöl erhitzen und die Filets ca. 10 Min. von allen Seiten anbraten. Aus der Pfanne herausnehmen und in eine gefettete flache Form nebeneinander legen.
2. Die Champignons putzen und in kleine Würfel schneiden. Knoblauch und Zwiebel schälen und fein würfeln. In einer Pfanne die Butter erhitzen und die Champignons, Zwiebeln und Knoblauch ca. 5 Min. dünsten. Mit dem Rotwein ablöschen und Petersilie Rosmarin und Thymian zufügen. Kräftig mit Salz, Pfeffer und Chili abschmecken. Abkühlen lassen.
3. Die Eier trennen. Das Eigelb und Paniermehl unter die Pilzmasse mischen. Das Eiweiß zu Schnee schlagen und unter die Pilzmasse heben. Anschließend die Masse auf den Filets verteilen und im Ofen bei starker Oberhitze etwa 10 Min. überbacken.

TIPP

Dazu passen Rosmarinkartoffeln, hergestellt aus gekochten kleinen Pellkartöffelchen, die in Olivenöl angebraten werden und mit gehacktem Rosmarin, Knoblauch, Salz und Pfeffer abgeschmeckt werden. Ein perfektes Festtagsgericht, vollendet mit frischem Prinzessbohnengemüse.

Ente mit Pilzfüllung

Zeitaufwand: 4 Std. + 2-3 Std. Garzeit

Pro Portion: 1416 kcal/5929 kj • Eiweiß 143,5 g • Fett 82 g • Kohlenhydrate 23 g

Für 4 Personen

- 1 Ente (2-2,5 kg)

Für die Füllung:

- 100 g Bauchspeck, gewürfelt
- 400 g braune Champignons
- 1 rote Zwiebel
- 1 Zweig Thymian
- 1 Zehe Knoblauch
- 1 EL Petersilie, gehackt
- 2 EL Öl
- Salz, Pfeffer
- 4 Scheiben Toastbrot
- 80 ml Milch
- 1 Ei

Bratengemüse:

- 100 g Karotten
- 100 g Sellerie
- 1 große Zwiebel
- 1 Zweig Thymian
- 1 Zweig Rosmarin
- 100 ml Weißwein
- 400 ml Entenfond
- 1-2 EL braune Soße oder Soßenbinder

1. Ente säubern, kalt abwaschen und restliche Stoppelfedern mit einer Pinzette entfernen. Aus den beiliegenden Innereien einen Fond herstellen (in Wasser mit Karotten, Zwiebeln, Sellerie ansetzen).
2. Toastbrot in kleine Würfel schneiden und mit 80 ml heißer Milch übergießen und ziehen lassen. Zwischenzeitlich Champignons putzen und fein würfeln. Zwiebel fein würfeln, Knoblauch schälen. Öl in einer Pfanne erhitzen, gewürfelten Speck anbraten, Champignons und Zwiebel zufügen, Knoblauch dazu pressen, mit Salz und Pfeffer kräftig würzen. Ca. 5 Min. weiterbraten und dann abkühlen lassen. Champignonmasse zum Toastbrot geben. Petersilie, Ei, etwas abgezupften Thymian dazu geben, alles vermischen und kräftig würzen.
3. Ente am Kopfende mit Küchengarn verschließen. Innenseite mit Salz und Pfeffer würzen, die Füllung hineingeben. Wieder verschließen, außen mit Salz und Pfeffer würzen. Ente mit der Brustseite nach unten in einen großen Bräter geben, grob gewürfeltes Bratengemüse, Wein, Entenfond und Kräuter dazugeben. Mit geschlossenem Deckel bei 160 °C 1 Std. im Backofen garen. Evtl. Fond oder Wasser nachfüllen. Ente umdrehen und noch ca. 1-1,5 Std. garen, nach der Hälfte der Zeit den Deckel entfernen und evtl. Hitze erhöhen, damit die Ente eine Kruste bekommt. Anschließend die gegarte Ente herausnehmen, Gemüse abseihen und Soße entfetten. Mit Soßenbinder abbinden und mit Gewürzen abschmecken.

Lammkoteletts auf Pilzbett

Zeitaufwand: 60 Min. + mind. 2 Std. Marinieren + 45 Min. Garzeit

Pro Portion: 1317 kcal/5518 kj · Eiweiß 61,6 g · Fett 85 g · Kohlenhydrate 77 g

Für 2 Personen

- 4 Lammkoteletts
- 1 Knoblauchzehe
- 1 Zweig Rosmarin, Thymian
- 5 EL Olivenöl
- Salz, Pfeffer
- 400 g Champignons und Austernpilze
- 1 Zwiebel
- 1 Knoblauchzehe
- 2 EL Olivenöl
- 1-2 EL brauner Soßenbinder
- 300 ml Lammfond

***Beilagenzutaten*:**
Kartoffelrosetten:

- 500 g Kartoffeln
- 1 Ei
- 1 EL gehackte Petersilie
- Salz, Pfeffer, Muskat, Koriander, Paprikapulver
- 1-2 EL Kartoffelmehl

Bohnenpäckchen:

- 250 g Prinzessbohnen
- 3 Scheiben Bacon
- 20 g Kräuterbutter
- Bohnenkraut, Knoblauch

1. Zuerst sollte das Lamm mariniert werden. Dazu den Rosmarin und Thymian klein schneiden und mit 5 EL Olivenöl vermischen. 1 Knoblauchzehe schälen und zur Marinade pressen, mit Salz und Pfeffer kräftig würzen. Lammkoteletts in eine flache Form nebeneinander legen, mit der Marinade begießen und mind. zwei Stunden ziehen lassen. Dabei einmal wenden.
2. Die Kartoffeln schälen, in Salzwasser garen und abdampfen lassen. Durch die Kartoffelpresse drücken, abkühlen lassen. Masse mit Ei, gehackter Petersilie, Salz, Pfeffer, Muskat, Koriander und Paprikapulver vermischen. Wenn der Teig noch zu weich ist, etwas Kartoffelmehl unterrühren. Teig in einen Spritzbeutel mit Sterntülle füllen und auf ein mit Backpapier ausgelegtes Blech Rosetten aufspritzen. Zur Seite stellen.
3. Für die Bohnen im Speckmantel die Prinzessbohnen in Salzwasser bissfest garen und abtropfen lassen. Bacon auf einem Brett ausbreiten und quer halbieren. Bohnen in 6 kleine Portionen aufteilen, mit Speck aufwickeln und in eine feuerfeste Form legen. Kräuterbutter zerlassen, mit etwas Knoblauch und Bohnenkraut verrühren und über die Bohnenpäckchen verteilen. Zur Seite stellen.
4. Ofen auf 180 °C vorheizen und Kartoffelrosetten ca. 20 Min., Bohnenpäckchen ca. 15 Min. garen und Farbe nehmen lassen.
5. Währenddessen die Pilze putzen und kleinschneiden, Zwiebel und Knoblauch schälen und fein würfeln. In einer Pfanne 2 EL Olivenöl erhitzen und die Hälfte der Zwiebelwürfel hineingeben. Die Pilze hinzufügen und mit Salz, Pfeffer kräftig würzen. Den Knoblauch dazugeben und ca. 5 Min. weiterbraten. Aus der Pfanne nehmen und warm stellen.
6. Die Koteletts aus der Marinade nehmen und in der gleichen Pfanne von beiden Seiten kräftig anbraten. Herausnehmen

TIPP
Dazu passen Röstkartoffeln (neue kleine Kartoffeln in der Schale kochen, in Olivenöl anbraten und salzen).

und im Ofen warm stellen. Die restliche Marinade in den Bratenfond der Koteletts geben und darin die übrigen Zwiebelwürfel anbraten, mit Lammfond ablöschen, Farbe nehmen lassen und restlichen Fond hineingeben. Aufkochen und mit Soßenbinder abbinden, zuletzt durchsieben.

7. In der Zwischenzeit sind die Beilagen fertig gegart, so können alle Komponenten zusammen angerichtet werden.

Hauptgerichte vegetarisch

Champignon-Ragout mit Estragonsauce

Zeitaufwand: 20 Min. + 50 Min. Garzeit

Pro Portion: 691 kcal/2894 kj · Eiweiß 20,5 g · Fett 41 g · Kohlenhydrate 59 g

Für 4 Personen

- 8 Kartoffeln
- 150 ml Gemüsefond
- 25 g gemahlene Haselnüsse
- 75 g Semmelbrösel
- 1 EL glatte Petersilie, gehackt
- 75 g weiche Butter
- Salz, schwarzer Pfeffer
- 1 kg kleine Champignons
- 50 g Schalotten
- 2 Knoblauchzehen
- 250 ml Schlagsahne
- 1 Bund Estragon
- 1 EL grobkörniger Dijon-Senf
- 1 EL Zitronensaft

1. Die Kartoffeln waschen und schälen. Kartoffeln jeweils auf einen Löffel legen, sechsmal quer bis zum Löffel hinein- aber nicht durchschneiden.
2. Die Kartoffeln in eine feuerfeste Form setzen. Fond zugießen, evtl. noch zusätzlich salzen und die Form mit Alufolie fest verschließen. Die Kartoffeln im vorgeheizten Ofen bei 180 °C auf der 2. Schiene von unten ca. 40 Min. backen.
3. Inzwischen Haselnüsse, Semmelbrösel, gehackte Petersilie, 50 g Butter vermischen und mit Salz und Pfeffer kräftig würzen.
4. Kartoffeln aus dem Ofen nehmen, Folie entfernen. Die Kartoffeln mit den vorbereiteten Bröseln bestreuen. Weitere 10–20 Min. backen, je nach gewünschter Bräune. Warm halten.
5. Die Champignons putzen und je nach Größe noch in kleinere Stücke schneiden. Schalotten und Knoblauch schälen und fein würfeln. Die restliche Butter in einer großen Pfanne erhitzen, Schalotten und Knoblauch darin farblos andünsten, Champignons dazugeben. Unter zeitweiligem Rühren so lange dünsten, bis die austretende Flüssigkeit zur Hälfte eingekocht ist.
6. Die Sahne dazugeben und 4-5 Min. cremig einkochen lassen. Estragonblätter abzupfen und hacken. Estragon und Senf unter das Ragout rühren. Nicht mehr kochen lassen, mit Salz, Pfeffer und Zitronensaft würzen. Die Kartoffeln mit dem Ragout servieren.

TIPP

Estragon hat einen starken Eigengeschmack – daher vorsichtig würzen. Man kann auch anstatt frischem Estragon, sehr gut getrockneten Bio-Estragon verwenden.

Champignon-Kartoffel-Gratin

Zeitaufwand: 30 Min. + 60 Min. Garzeit

Pro Portion: 433 kcal/1812 kj · Eiweiß 18,7 g · Fett 29 g · Kohlenhydrate 25 g

Für 2 Personen

- 300 g Champignons, weiß und braun
- 1 Schalotte
- 1 Knoblauchzehe
- 10 g Butter
- 1 EL Olivenöl
- 120 ml Gemüsebrühe
- 200 ml Schlagsahne
- 1 gestrichener EL heller Soßenbinder
- Salz, Pfeffer aus der Mühle
- geriebene Muskatnuss
- 1 EL gehackte Petersilie
- 2 Scheiben Toastbrot oder 2 EL Croutons
- 2-3 EL geriebener Gouda

1. Pilze putzen und vierteln oder in Scheiben schneiden. Den Lauch waschen und in Ringe schneiden. Beides im Olivenöl andünsten und mit Salz, Pfeffer und Thymian würzen. Zur Seite stellen.
2. Kartoffeln und Karotten schälen und beides grob raspeln. Die gewürfelte Zwiebel und den zerdrückten Knoblauch hinzufügen. Eier, Paniermehl, Joghurt, Sahne und den Käse dazugeben, mit den Gewürzen abschmecken und gut vermengen.
3. Eine Auflaufform ausfetten. Zuerst die Champignon-Lauch-Mischung hineinfüllen, dann die Kartoffelmischung darauf verteilenund glatt streichen.
4. Im vorgeheizten Backofen bei 180 °C (Umluft 160 °C) etwa 50-60 Min. backen.

Haselnuss-Schnitzel mit Pilzragout

Zeitaufwand: 20 Min. + 15 Min. Garzeit

Pro Portion: 535 kcal/2235 kj • Eiweiß 17,9 g • Fett 41 g • Kohlenhydrate 23 g

Für 4 Personen

- 700 g Sellerie (kl. Knolle)
- 800 g Champignons
- 1 mittlere Zwiebel
- 1 große Knoblauchzehe
- 3 EL Paniermehl
- 3 EL gemahlene Haselnüsse
- 2 EL Mehl
- 1 Ei (Größe L)
- 4 EL Rapsöl
- 50 ml Weißwein
- 200 ml süße Sahne
- Salz, Pfeffer, Chili
- Heller Soßenbinder, nach Bedarf

1. Die Pilze putzen und vierteln, die Zwiebel würfeln und den Knoblauch schälen und zerdrücken. 2 EL Öl in einer Pfanne erhitzen, Zwiebelwürfel und Knoblauch kurz darin anschwitzen. Die geviertelten Pilze zugeben, bei mittlerer Hitze ca. 5 Min. anbraten und mit Salz, Pfeffer und Chili würzen. Sahne und Weißwein zufügen, aufkochen lassen und evtl. nach Bedarf mit hellem Soßenbinder abbinden. Zur Seite stellen und warm halten.
2. Den Sellerie schälen und evtl. abwaschen, in ca. 1 cm dicke Scheiben schneiden. Drei tiefe Teller vorbereiten.
   1. Teller mit 2 EL Mehl.
   2. Teller mit dem aufgeschlagenen Ei, kräftig mit Salz, Pfeffer und etwas Chili würzen.
   3. Teller mit der Paniermehl / Haselnussmischung.
   In dieser Reihenfolge die Selleriescheiben panieren. Vier EL Öl in einer großen Pfanne erhitzen und die panierten Selleriescheiben langsam bei mittlerer bis schwacher Hitze darin braten.
3. Es dauert mindestens 15 Min. bis der Sellerie gar wird. Die fertigen Selleriescheiben mit dem Pilzragout anrichten.

TIPP

Kokosmilch gibt es auch ohne Emulgatoren und Bindemitteln. Evtl. noch mit Zitronengras abschmecken.
Sehr gut passt Jasminreis dazu.

Mediterrane Champignons vom Grill

Zeitaufwand: 15 Min. + 8 - 10 Min. Grillzeit

Pro Portion: 213 kcal/889 kj · Eiweiß 11,8 g · Fett 17 g · Kohlenhydrate 3 g

Für 3 - 4 Personen

- 8 große Champignons (ca. 500 g)
- 3 EL Olivenöl
- Salz, Pfeffer aus der Mühle, etwas Chilipulver
- 150 g Feta-Käse
- 1 Knoblauchzehe, gepresst
- 1 kleine Schalotte
- 20 g getrocknete Tomaten
- 1-2 EL fein gehackte Kräuter (Basilikum, Oregano, Thymian, Petersilie)

1. Die Champignons putzen und die Stiele herausdrehen oder schneiden, evtl. auch etwas von den Lamellen entfernen. Mit der Öffnung nach oben auf einen Teller legen.
2. Den Feta in einer Schüssel mit einer Gabel zerdrücken. Champignonstiele und Tomaten fein hacken bzw. klein schneiden. Die Schalotte schälen und fein würfeln.
3. Alle Zutaten zu dem Feta-Käse geben, Olivenöl dazu fließen lassen, gepresstem Knoblauch und gehackte Kräuter zugeben, vermengen und mit Salz, Pfeffer und Chili abschmecken.
4. Mit zwei Teelöffeln die Käsemasse in die Pilzhüte einfüllen. Auf dem heißen Grill 8-10 Min. grillen.

TIPP

Dazu passen gut Baguette und verschiedene Antipasti als Beilage!

Pilz-Spinat-Lasagne

Zeitaufwand: 30 Min. + 15 Min. Garzeit

Pro Portion: 1007 kcal/4215 kj • Eiweiß 47,9 g • Fett 60 g • Kohlenhydrate 62 g

Für 2 Personen

- 300 g gemischte Pilze (Champignons, Shiitake- und Austernpilze)
- 450 g Blattspinat, TK
- 250 g Mozzarella
- 2 Stiele Petersilie
- 2 Stiele Basilikum
- 2 Knoblauchzehen
- 500 g Ricotta
- 2 Eigelb (Größe M)
- 2 EL Zitronensaft
- 1 mittlere Zwiebel
- Salz, Pfeffer aus der Mühle
- Chilipulver
- 40 g Butter
- 40 g Mehl
- 200 ml Weißwein
- 400 ml Gemüsebrühe
- 200 ml Milch, 3,5 % Fett
- 300–350 g Lasagneplatten, je nach Bedarf
- 70-90 g frisch geriebener Parmesan, je nach Bedarf

TIPP

Die Lasagne lässt sich besser schneiden, wenn man sie nach dem Backen 10 Minuten ruhen lässt.

1. Die Pilze putzen und in Scheiben schneiden. Den Blattspinat auftauen, abtropfen lassen und ausdrücken, evtl. noch grob hacken. Mozzarella auf Küchenpapier trockentupfen und in 1 cm kleine Würfel schneiden. Die Kräuter hacken. Knoblauch schälen und durch die Knoblauchpresse pressen. Die Zwiebel schälen und in Würfel schneiden.
2. Ricotta mit dem Eigelb, Knoblauch und Zitronensaft verrühren, kräftig mit Salz, Pfeffer und Chili abschmecken. Jetzt den Spinat, gehackte Kräuter, Pilzscheiben und Mozzarellawürfel untermischen.
3. Für die Bechamelsauce in Butter in einem Topf erhitzen, Zwiebelwürfel darin glasig dünsten, Mehl dazugeben und kurz abbrennen lassen. Wein, Brühe und Milch zugeben und aufkochen lassen. Etwa 5-10 Min. unter Rühren leicht köcheln lassen. Mit Salz, Pfeffer, Chili und Zitronensaft abschmecken.
4. Eine Lasagneform oder Auflaufform mit hohem Rand einfetten. Zuerst etwas Bechamelsauce hineingeben, Lasagneplatten nebeneinander einlegen und Spinat-Pilzmischung einschichten. Schichtweise so fortfahren. Die letzte Schicht sollte Bechamelsauce sein. Mit Parmesan bestreuen und im vorgeheizten Ofen bei 175 °C ca. 40 Min. garen lassen. Den Backofengrill zuschalten und nochmals für 5 Min. bräunen.

Semmelknödel mit Pilzen

Zeitaufwand: 40 Min. + 30 Min. Garzeit

Pro Portion: 678 kcal/2838 kj • Eiweiß 26,7 g • Fett 42 g • Kohlenhydrate 50 g

Für 2 Personen

- 3 Stück Brötchen vom Vortag
- 70 -100 ml heiße Milch
- 40 g Zwiebeln, gewürfelt
- 10 g Butter
- 1 EL
- Petersilie, gehackt
- 2 Eier
- Salz, Pfeffer aus der Mühle
- geriebene Muskatnuss
- 400 g gemischte Pilze (Austernpilze, Shiitake, Champignons)
- 30 g Zwiebel, gewürfelt
- 20 g Butter
- 1 TL Mehl
- 100 ml Gemüsebrühe
- 125 ml Sahne

1. Die Brötchen in kleine Würfel schneiden, mit heißer Milch übergießen und 20 Min. ziehen lassen.
2. In einer Pfanne 10 g Butter schmelzen und die Zwiebel-würfel darin glasig dünsten und würzen. Abkühlen lassen. Die Eier, gewürzte Zwiebeln und Petersilie zu den Brötchen geben und alles gut verkneten. Eventuell nochmals abschmecken und 10 Min. ruhen lassen. Mit feuchten Händen aus dem Teig Knödel formen, in kochendes Salzwasser legen, die Hitze reduzieren und ca. 20 Min. die Knödel garziehen lassen.
3. Für die Pilzsauce, die Pilze putzen und in Scheiben schneiden. In 20 g zerlassener Butter die Zwiebelwürfel dünsten, die Pilze hinzufügen. Mit Salz und Pfeffer abwürzen und etwa 3-4 Min. garen. Das Mehl einstreuen, anschwitzen und die Gemüse-brühe mit der Sahne unter Rühren zugeben. Aufkochen und etwa 2 Min. weiterköcheln lassen. Mit den Gewürzen abschmecken.
4. Die Semmelknödel und die Pilzsauce auf Tellern anrichten und mit der Petersilie bestreuen.

Pilz-Semmel-Knödel in Gorgonzolasauce

Zeitaufwand: 30 Min. + 20-25 Min. Garzeit

Pro Portion: 561 kcal/2347 kj · Eiweiß 27,3 g · Fett 33 g · Kohlenhydrate 39 g

Für 4 Personen

- 5 altbackene Brötchen
- 300 ml Milch
- 1 kleine Zwiebel
- 1 Knoblauchzehe
- 400 g Champignons
- 1 EL Petersilie, gehackt
- 1 EL Butter
- 2 Eier
- Salz, Pfeffer, Chili
- 80 g Milch
- 80 g Sahne
- 200 g Gorgonzola
- 10-12 Cocktailtomaten

1. Brötchen in kleine Würfel schneiden und mit 300 ml heißer Milch übergießen. Die Pilze putzen und kleinhacken. Die Zwiebel schälen und fein würfeln. Den Knoblauch schälen.
2. Die Butter in einer Pfanne erhitzen und die Zwiebel hineingeben. Die Pilze nach 2 Min. zufügen und den Knoblauch hineinpressen. Mit den Gewürzen kräftig abschmecken. Etwa 5 Min. weiterbraten bis die Flüssigkeit fast verdampft ist. Vom Herd nehmen und kurz abkühlen lassen.
3. Die Pilzmasse mit den Eiern und Petersilie unter die Semmelmasse mischen, evtl. nochmals würzen. Mit feuchten Händen 8 Klöße formen und in siedendes Salzwasser legen, ca. 10-15 Min. ziehen lassen.
4. In einem kleinen Topf die restliche Milch mit der Sahne erwärmen. Den Gorgonzola darin auflösen und abschmecken. Wenn nötig noch mit Soßenbinder abbinden. Die Cocktailtomaten zu den Pilzknödeln mit Käsesauce servieren.

TIPP

Statt Champignons können auch andere Pilze verwendet werden. Den Gorgonzola einfach gegen Schmelzkäse austauschen.

Tortelloni-Pilz-Auflauf

Zeitaufwand: 30 Min. + 20 Min. Grillzeit

Pro Portion: 749 kcal/3136 kj · Eiweiß 21,8 g · Fett 55 g · Kohlenhydrate 45 g

Für 4 Personen

- 250 g Tortelloni, ungekocht
- 250 g Champignons
- 20 g Butter
- 1 kleine Zwiebel
- 1 Knoblauchzehe
- Salz, Pfeffer, Chili
- 150 ml Gemüsebrühe
- 100 ml flüssige Sahne
- 1 EL Mehlschwitze oder Saucenbinder
- 1 EL gehackte Petersilie
- 20 g geriebener Parmesan
- 2-3 EL geriebener Gouda oder Emmentaler

1. Die Tortelloni in reichlich Salzwasser bissfest garen und abseihen, zur Seite stellen. Die Pilze putzen und in kleine Stücke schneiden. Die Zwiebel schälen und fein würfeln. Den Knoblauch schälen.
2. In einer großen Pfanne die Butter erhitzen und die Pilze mit den Zwiebeln und dem gepressten Knoblauch anbraten. Mit den Gewürzen kräftig abschmecken und mit der Brühe und Sahne auffüllen. Die Mehlschwitze oder Saucenbinder unterrühren und aufkochen lassen. Die gehackte Petersilie und den Parmesan hinzufügen. Die Tortelloni unterheben und das Ganze in eine gebutterte Auflaufform füllen. Mit dem geriebenen Käse bestreuen. Im heißen Ofen bei 160 °C etwa 20-25 Min. überbacken lassen.

TIPP

Die Champignons sind mit ihren Inhaltsstoffen ein perfekter Ersatz für Fleisch. Falls sie mögen, können sie die Gemüsebrühe mit Hühnerbrühe austauschen.

Vegetarische Cannelloni

Zeitaufwand: 30 Min. + 30 - 40 Min. Garzeit

Pro Portion: 585 kcal/2449 kj · Eiweiß 27,5 g · Fett 34 g · Kohlenhydrate 41 g

Für 3-4 Personen

- 250 g Champignons
- 200 g Doppelrahmfrischkäse
- 3 EL gehackte Mandeln
- 1 EL gehackte Petersilie
- 1 Ei
- Salz, Pfeffer, Muskatnuss, Chili
- 14 Cannelloni
- 1 große rote Zwiebel, gewürfelt
- 1-2 Knoblauchzehen, gewürfelt
- 1 EL Olivenöl
- 250 ml Gemüsebrühe
- 1 Packung Pizzatomaten oder Tomaten in Stücken (450 g)
- Basilikum, Oregano
- 120 g geriebener Gouda
- Butter oder Margarine für die Form

1. Die Champignons putzen und sehr fein hacken. Die Hälfte der gewürfelten Zwiebel und des zerdrückten Knoblauchs zu der Champignonmasse geben. Den Frischkäse, gehackte Mandeln, Petersilie, Ei und Gewürze hinzufügen und verrühren. Die Masse darf kräftig abgeschmeckt werden. Falls die Füllung zu flüssig erscheint, können noch 1-2 EL Paniermehl zugegeben werden. Die Masse anschließend in einen Spritzbeutel mit großer Lochtülle geben und in die Teigröhrchen spritzen. Die Cannelloni in eine ausreichend große gefettete Auflaufform geben.
2. Die restlichen Zwiebelwürfel und Knoblauch im heißen Olivenöl glasig dünsten. Pizzatomaten und Gemüsebrühe zugeben und aufkochen lassen. Mit Kräutern und Gewürzen kräftig abschmecken.
3. Den Backofen auf 160 °C aufheizen. Die fertige Tomatensoße über die Cannelloni gießen und mit dem Käse bestreuen. Im heißen Ofen auf der mittleren Schiene etwa 30 - 40 Min. überbacken.

TIPP

Die Tomatensoße erscheint anfangs relativ flüssig, aber die Cannelloni nehmen beim Garen die Flüssigkeit fast ganz auf.

Vegetarische Pilzpfanne

Zeitaufwand: 20 Min. + 10 Min. Garzeit

Pro Portion: 128 kcal/533 kj • Eiweiß 6,7 g • Fett 8 g • Kohlenhydrate 8 g

Für 3-4 Personen

- 1 TL Stärke
- 1 EL Austernpilzsauce
- 1 TL China-Gewürz
- 2 TL Sesamöl
- 1 EL Raps- oder Sonnenblumenöl
- 1 Knoblauchzehe
- 1 rote Zwiebel
- 400 g gemischte Pilze (Champignons, Austernpilze)
- 1 EL frischer Ingwer, fein gewürfelt
- 1 Spitzpaprika
- 100-150 g gewürfelte Zucchini
- 1 EL fein geschnittener Schnittlauch, Melisse
- 1 EL Sesam, geröstet
- Salz, Pfeffer, brauner Zucker, evtl. Gemüsebrühe

1. Die Stärke mit der Austernpilzsauce, dem China-Gewürz und 1-2 EL Wasser zu einer Marinade verrühren.
2. Die Zwiebel in Streifen schneiden, die Pilze putzen und vierteln oder grob würfeln. Die Spitzpaprika putzen und klein schneiden.
3. In einer Pfanne oder einem Wok das Öl erhitzen und darin die Zwiebelringe zuerst 1-2 Min. garen, dann die Paprika mit dem Ingwer und der zerdrückten Knoblauchzehe hinzufügen. Weitere 2-3 Min. garen und danach die Zucchiniwürfel und die Pilze hineingeben. Weitergaren, bis die Pilze weich sind.
4. Zuletzt die Marinade und 1 TL braunen Zucker beifügen, evtl. noch Gemüsebrühe auffüllen, falls die Pilzpfanne zu trocken wird.

Gefüllte Auberginen

Zeitaufwand: 45 Min. + 20-30 Min. Grillzeit

Pro Portion: 245 kcal/1027 kj • Eiweiß 14,2 g • Fett 16 g • Kohlenhydrate 11 g

Für 4 Personen

- 2 große Auberginen (oder 4 kleine Auberginen)
- 2 EL Olivenöl
- 1 rote Zwiebel
- 2 Knoblauchzehen
- 300 g gemischte Pilze (z. B. Champignons, Austernpilze, Shiitakepilze)
- 125 g Mozzarellawürfel
- 2 Tomaten
- 30 g Pinienkerne
- je 1 EL gehackte Petersilie, Basilikum
- Salz, Pfeffer, Chili

TIPP

Dazu gegarte, in Olivenöl geschwenkte Spaghetti servieren.

1. Die Auberginen der Länge nach halbieren und in einem Topf mit wenig kochendem, gesalzenem Wasser in 4-5 Min. nicht zu weich garen. Danach herausnehmen und abkühlen lassen. Anschließend die Auberginen aushöhlen. Das Fruchtfleisch in Würfel schneiden.
2. Die Zwiebel und die Knoblauchzehen schälen und fein würfeln. Die Pilze putzen und fein würfeln. Die Tomaten in kochendem Wasser blanchieren und enthäuten. Das Kerngehäuse entfernen und das Fruchtfleisch in Würfel schneiden.
3. In einer Pfanne das Olivenöl erhitzen und die Zwiebelwürfel darin andünsten. Die Pilze und den Knoblauch zufügen und etwa 5 Min. garen. Aus der Pfanne nehmen, abkühlen lassen.
4. Nun das Fruchtfleisch, Tomatenwürfel, Mozzarellawürfel, Kräuter und die Hälfte der Pinienkerne zu der Pilzmischung geben. Kräftig mit Salz, Pfeffer und Chili abschmecken.
5. Die Auberginen mit der Masse füllen und im heißen Kugelgrill bei oder im Backofen bei 180 °C 20-30 Min. garen. Die restlichen Pinienkerne als Garnitur darüber streuen.

Vegetarische Pilz-Burger

Zeitaufwand: 30 Min. + 10-15 Min. Garzeit

Pro Portion: 397 kcal/1664 kj · Eiweiß 18,9 g · Fett 18 g · Kohlenhydrate 41 g

Für 4 Personen

- 600 g Pilze (Champignons und Hericium oder andere Pilze nach Wahl)
- 1 Gemüsezwiebel
- 4 EL Olivenöl
- 1 Knoblauchzehe
- Salz, Pfeffer aus der Mühle
- Chili
- 1 TL mittelscharfer Senf
- 50 g Sonnenblumenkerne, trocken geröstet und grob zerkleinert
- 1 EL gehackte Petersilie
- 2 Eier
- 2-3 EL Paniermehl
- 4 EL Hamburger-Sauce
- 4 EL Ketchup
- 4 Hamburger-Brötchen
- Salatblätter, Käse, Gewürzgurken und Tomaten nach Geschmack

TIPP

Schmeckt Kindern sehr gut. Die Burger lassen sich gut vorbereiten, sodass die geformte Masse nur noch in der Pfanne fertig gebraten werden muss. Ideal auch für Kindergeburtstage!

1. Die Pilze putzen und in kleine Würfel schneiden oder in der Küchenmaschine kleinhacken. Die Zwiebel schälen und etwa die Hälfte in Scheiben schneiden, die andere Hälfte in Würfel für die Pilzmasse. Den Knoblauch pellen und pressen. 2 EL Olivenöl in einer großen Pfanne erhitzen. Die Zwiebelwürfel mit den Pilzen und dem Knoblauch anbraten bis die Flüssigkeit verdampft ist. Anschließend die Pilzmasse in eine Schüssel geben und auskühlen lassen.
2. Jetzt Senf, geröstete und zerkleinerte Sonnenblumenkerne, Petersilie, Eier und 2 EL Paniermehl zugeben und mit den Gewürzen kräftig abschmecken. Es kann ruhig kräftig schmecken, denn beim Braten verliert die Masse etwas an Schärfe. Falls die Masse zu feucht ist, noch 1 EL Paniermehl zugeben.
3. Nun 2 EL Olivenöl in der Pfanne erhitzen und mit angefeuchteten Händen Burger formen. Diese im Fett von beiden Seiten etwa 10-15 Min. goldbraun braten.
4. Die Hamburger-Brötchen aufschneiden und toasten. Mit den Zwiebelringen, Hamburger-Sauce, Ketchup, Salat, Käse, Gurken und Tomaten nach Belieben belegen.

Vegetarische Schnitzel

Zeitaufwand: 30 Min. + 20 Min. Garzeit

Pro Portion: 417 kcal/1748 kj • Eiweiß 15,0 g • Fett 29 g • Kohlenhydrate 25 g

Für 4 Personen

- 600 g gemischte Pilze (z. B. braune und weiße Champignons, Austernpilze)
- 1 Zwiebel
- 1 Knoblauch
- 2 EL Olivenöl
- Salz, Pfeffer, Chili
- gekörnte Gemüsebrühe
- 1 TL Senf, mittelscharf
- 1 Ei
- 2-3 EL Paniermehl

Panade:

- 2 EL Mehl
- 1-2 Eier
- 4-6 EL Paniermehl
- 4-6 EL Öl

1. Die Pilze putzen und in der Küchenmaschine raspeln oder mit dem Messer fein hacken. Die Zwiebel in Würfel schneiden und den Knoblauch durch die Presse drücken.
2. Eine Pfanne mit dem Olivenöl erhitzen, die Zwiebelwürfel hineingeben, die Pilze und den Knoblauch zufügen. Weiterbraten bis die Flüssigkeit verdampft ist, mit den Gewürzen kräftig abschmecken und herausnehmen, abkühlen lassen.
3. Das Ei und 2-3 EL Paniermehl je nach Festigkeit untermischen. Ein Backblech oder Servierplatte mit Frischhaltefolie beziehen. Aus der Pilzmasse etwa handgroße Schnitzel formen und auf die Frischhaltefolie nebeneinander legen. Zuletzt mit einer Lage Frischhaltefolie abdecken und im Tiefkühlschrank oder -truhe mindestens 3-4 Stunden (oder über Nacht) einfrieren.
4. Die Panade vorbereiten: Mehl auf einen Teller, Ei im zweiten Teller verquirlen und Paniermehl auf dem dritten Teller. Die tiefgefrorenen Pilzschnitzel nun rasch nacheinander in Mehl, Ei und Paniermehl wenden. Wenn sie antauen wird es schwieriger, die Schnitzel zu panieren. Anschließend in der Pfanne mit reichlich Öl bei mittlerer Hitze von beiden Seiten ca. 15-20 Min. braten.

TIPP

Kindermenü mit Pommes Frites und einer Champignon-Rahm-Sauce. Lässt sich gut vorbereiten, z. B. unpanierte Schnitzel über Nacht einfrieren!

Käse-Pilz-Fondue

Zeitaufwand: 30 Min. + 10 Min. Garzeit

Pro Portion: 610 kcal/2550 kj • Eiweiß 39,6 g • Fett 42 g • Kohlenhydrate 4 g

Für 4 Personen

- 250 g Bergkäse
- 250 g Greyerzer
- 400 g frische Champignons oder Steinpilze
- 1 EL Butter
- 250 ml trockener Weißwein
- 1 kleine Zwiebel
- 1 Knoblauchzehe
- 10 g Speisestärke
- 1 gestrichener TL Backpulver
- 4 EL Weißwein
- 1 EL Petersilie, gehackt
- Salz, Pfeffer, Muskat, Chili

1. Den Käse in kleine Würfel schneiden oder raspeln. Die Pilze putzen und fein würfeln. Die Zwiebel und den Knoblauch schälen und ebenso würfeln.
2. In einem Topf oder feuerfesten Fonduetopf die Butter erhitzen. Die Pilze mit den Zwiebeln hineingeben und ca. 5 Min. braten. Mit Knoblauch und den Gewürzen abschmecken. Weißwein zum Ablöschen hineingießen und den kleingeschnittenen Käse nach und nach unter ständigem Rühren hinzugeben und bei mittlerer Hitze auflösen lassen. Es sollte sich eine einheitliche Masse gebildet haben.
3. Zuletzt die Speisestärke mit dem Backpulver in 4 EL Weißwein verquirlen und die Masse damit abbinden. Die fertige Masse im Fonduetopf über dem Brenner leicht köcheln lassen, dabei öfter umrühren, damit sie nicht anbrennt.

TIPP

Dazu reicht man kleingeschnittenes Baguette.

Alphabetisches Rezeptregister

Alphabetisches Rezeptregister

Q

R

S

T

V

W

Z